Rainer W. During

FLUGPLATZ STAAKEN

Ein Stück Luftfahrt-Geschichte

Erich Lezinsky Verlag GmbH

Copyright © by Erich Lezinsky Verlag GmbH
1. Auflage 1985
Umschlagentwurf und Layout: Günter Bernau
Gesetzt aus 10 p Concorde
bei Jäger Fotosatz, Berlin
Druck: Erich Lezinsky
Verlag und Buchdruckerei GmbH, Berlin
Buchbinder: H. Hensch, Berlin

ISBN 3-925181-01-6

VORWORT

Berlin ist mit der Geschichte der deutschen Luftfahrt eng verbunden. Wenn auch die Entwicklung der bedeutendsten Luftschiffe und Flugzeuge in anderen Orten erfolgte, so konzentrierte sich der Einsatz logischerweise auf die damalige Reichshauptstadt, und viele Pionierleistungen hatten hier ihren Ausgangspunkt. So gilt der 1923 in Betrieb genommene Zentralflughafen Tempelhof als die Wiege des deutschen Luftverkehrs. Angefangen hatte es allerdings schon viel früher, und insbesondere ältere Mitbürger werden sich in diesem Zusammenhang noch an den Flugplatz Johannisthal erinnern. Nahezu in Vergessenheit geraten ist dagegen der Flugplatz Staaken. Zu Unrecht, denn eine Vielzahl von wichtigen Entwicklungen hatte hier ihren Beginn, und ohne die Anlagen vor den Toren Spandaus wäre auch der Ausbau des Linienflugverkehrs ab Tempelhof nicht möglich gewesen. Somit hat der Flugplatz Staaken einen festen Platz in der Historie der deutschen Fliegerei, der Stadt Berlin und des Bezirkes Spandau. Dieser Bedeutung sollte eine Serie im VOLKSBLATT BERLIN Rechnung tragen. Aufgrund des großen Interesses und der starken Nachfrage liegt die spannende Geschichte des Flugplatzes Staaken jetzt in einer überarbeiteten und erweiterten Form als Buch vor. Von der Luftschiffwerft über das Zentrum der deutschen Filmindustrie bis hin zur Lufthansa-Zentralwerkstatt, ein faszinierendes Kapitel Berliner Geschichte, nicht nur für Luftfahrtenthusiasten und Historiker.

RAINER W. DURING

VORBEMERKUNG

So fing es an

Im Jahre 1892 veröffentlichte der damals 54jährige Graf Ferdinand von Zeppelin, der zwei Jahre zuvor im Range eines Generalleutnants aus dem aktiven Militärdienst ausgeschieden war, seine erste Denkschrift über das lenkbare Luftschiff. Am 31. August 1895 meldete er seine Konstruktion zum Patent an. Trotz vieler Schwierigkeiten und Rückschläge ging es dann rasant weiter. Im Mai 1898 wurde die *Aktiengesellschaft zur Förderung der Luftschiffahrt* gegründet, ein Jahr später begann in einer schwimmenden Konstruktionshalle auf dem Bodensee bei Manzell der Bau des ersten *Zeppelins*. Am 2. Juli 1900 war dann der große Tag gekommen, das Luftschiff *LZ 1* startete zu seiner Jungfernfahrt.

Im März 1908 bewilligte der Deutsche Reichstag 2,15 Millionen Mark, mit denen Graf Zeppelin mit seinen Luftschiffen ein Luftverkehrsunternehmen aufbauen sollte. Im September des gleichen Jahres wurde die *Luftschiffbau Zeppelin GmbH* gegründet. Inzwischen waren am Bodensee bereits fünf Luftschiffe gebaut worden. Direktor der neuen Firma wurde Alfred Colsmann, Schwiegersohn eines Aluminiumfabrikanten, der die Arbeit des Grafen unterstützte.

Am 16. November 1909 wurde dann von der *Luftschiffbau Zeppelin GmbH* und der *Hamburg-Amerika-Reederei (HAPAG)* die *Deutsche Luftschiffahrts Aktiengesellschaft (Delag)* mit Sitz in Frankfurt am Main gegründet, das erste Luftverkehrsunternehmen der Welt. Das Kapital betrug drei Millionen Mark, technischer Leiter wurde Dr. Hugo Eckener, der sich als junger Journalist zunächst sehr kritisch mit der Arbeit des Grafen befaßt hatte, nach einem klärenden Gespräch jedoch 1905 in dessen Dienste trat und einer der größten Fürsprecher der Luftschiffahrt wurde. 1912 wurde er zum Direktor der *Delag* befördert.

Am 16. Juni 1910 wurde das Luftschiff *Deutschland I (LZ 7)* fertiggestellt, das aber schon nach wenigen Tagen strandete. Im Dienste der *Delag* standen dann die Luftschiffe

Deutschland II (LZ 8), Schwaben (LZ 10), Viktoria Luise (LZ 11), Hansa (LZ 13) und *Sachsen (LZ 17),* die bis zum Beginn des Ersten Weltkrieges 1914 auf über 1500 Fahrten weit mehr als 10 000 zahlende Passagiere beförderten. Für diese erste Form des deutschen Luftverkehrs waren in zahlreichen Städten spezielle Luftschiffhallen errichtet worden. So baute die *Luftschiffbau Zeppelin GmbH* 1911 auf dem zwei Jahre zuvor eingerichteten Flugplatz Berlin-Johannisthal für zwei Luftschiffe eine 160 Meter lange Halle, die nicht nur von der *Delag* genutzt wurde. Ein Jahr später wurde hier auch das erste Marineluftschiff *(L1)* stationiert. Noch 1911 entstand am Havelufer im Südwesten Potsdams ein weiterer Luftschiffhafen mit einer Halle, Werkstätten und einem Wasserstoffgasometer.

KAPITEL 1

Staaken wird Flugplatz

Im Ersten Weltkrieg trat der aufstrebende Zivilverkehr der *Deutschen Luftschiffahrts AG (Delag)* in den Hintergrund, und die Konstruktionen des Grafen Zeppelin und seiner Mitstreiter bekamen eine neue Bedeutung als Waffe. Soldaten fuhren mit ihnen (Luftschiffe fliegen nicht, sondern *fahren,* wie die Schiffe auf See) über die gegnerischen Stellungen und warfen per Hand Bomben ab. Entsprechend groß war der Bedarf an neuen Luftschiffen. So übernahm die *Luftschiffbau Zeppelin GmbH* den Potsdamer Hafen der *Delag* und rüstete ihn zu einer zusätzlichen Produktionsstätte um.

Doch auch diese Anlagen reichten schon bald nicht mehr aus. Aus diesem Grunde erwarb das Unternehmen 1915 ein 2600 x 1200 Meter großes Gelände bei Spandau zwischen der Bahnlinie nach Hamburg im Norden und der Heerstraße im Süden – heute kurz hinter der Grenze auf DDR-Gebiet gelegen. Der Bereich gehörte zum *Haveler Lug,* einem großen Sumpfgebiet vor den Toren Berlins. »Über dem Staakener Grundstück ließen damals noch Trappen, jene großen, scheuen Sumpfvögel der Mark, ihre eintönigen Rufe ertönen. Russische Gefangene arbeiteten an der Entwässerung des Lugs und machten mit dieser großzügigen Kulturarbeit auch die Staakener Flächen baureif«, erinnerte sich Zeppelin-Generaldirektor Alfred Colsmann in seinem Buch *Luftschiff voraus.*

Der Bau erfolgte unter der Leitung von Dipl.-Ing. W. E. Dörr, dem Erbauer und Direktor des Potsdamer Luftschiffhafens. In Staaken entstanden zwei gigantische 252 Meter lange, 35 Meter breite und 40 Meter hohe Luftschiff-Fertigungshallen mit Schiebetoren an beiden Enden, die Nord- und die Südhalle. Dazwischen befand sich die kleinere Ringmontagehalle, in der die Querringe für das Stützgerüst der Luftschiffkörper liegend zusammengebaut, mit Hilfe eines speziellen Montagegerüstes in die jeweilige Bauhalle geschafft, aufgerichtet und mit den Längsträgern zum äuße-

Blick aus einem Zeppelin-Luftschiff um 1916/17 auf die neuen Staakener Werftanlagen.

ren Schiffsgerippe verbunden wurden. Zwischen den Hallen befanden sich Werkstatt- und Büroräume.

Nach Norden in Richtung Bahnlinie schlossen sich dann weitere Werkstätten für die einzelnen Bauteile der Luftschiffe – wie Träger und Gondeln – Tischlerei, Schneiderei, Gießerei, Kesselhaus, Wasch- und Umkleideräume, Konstruktionsbüros, das Verwaltungsgebäude und schließlich ganz vorne an der Zufahrtsstraße das Pförtnerhaus an. Für den Betrieb der Berliner Werften wurde eine gesonderte Firma, die *Luftschiffbau Zeppelin GmbH, Staaken*, gegründet.

Auf der gegenüberliegenden Seite der Zufahrtsstraße entstand parallel die Gasanstalt der *Zeppelin-Wasserstoff-Sauerstoff-Gesellschaft Berlin-Staaken*, kurz *Zewas* genannt, die das Treibgas für die Luftschiffe herstellte. Sie

Oben: Alfred Colsmann war bis 1930 Generaldirektor der *Luftschiffbau Zeppelin GmbH.*

Rechts oben: Graf Ferdinand von Zeppelin, der *Vater* der Luftschiffe in Metallbauweise.

erhielt einen großen, wasserlosen Gasometer mit Teerdichtung. Auf ihm wurde ein Leuchtfeuer installiert, um den Staakener Zeppelin-Hafen mit seiner Landefläche von etwa 2000 x 1200 Metern auch bei Nacht ansteuerbar zu machen.

Am 9. November 1916 war für Staaken der große Tag gekommen. Das erste vor den Toren Spandaus gebaute Luftschiff, *LZ 75*, verließ die Nordhalle. Es hatte ein Gasvolumen von 55 200 Kubikmetern und erhielt bei der Marine die Bezeichnung *L 37*. Nach nur 45 Fahrten über eine Gesamtstrecke von 29 100 Kilometern und 428 Betriebsstunden wurde es bei Ende des Ersten Weltkrieges in Seddin abgewrackt, Teile gingen nach Japan.

In den Jahren 1915 bis 1917 verließen 73 *Zeppeline* die Produktionsstätten, davon 28 die Werften in Potsdam und Staaken. Mit zunehmender gegnerischer Abwehr mußten die Luftschiffe immer gigantischer werden, um größere Höhen erreichen zu können. Hatten die ersten Fahrzeuge noch einen Gasinhalt von nur 20 000 Kubikmetern, so stieg die Größe bis auf 68 500 Kubikmeter an. Damit erreichte man eine Höhe von über 7000 Metern.

1917 kam die militärische Führung auf den Gedanken, ein Versorgungs-Luftschiff mit Waffen und Medikamenten zu

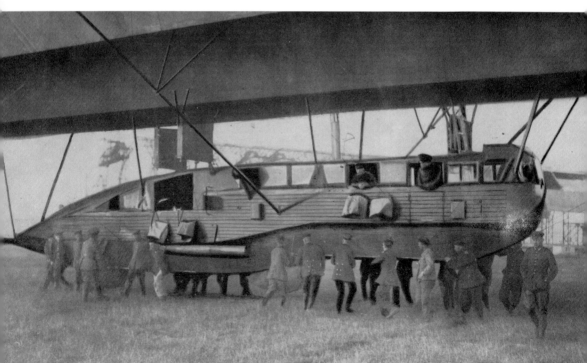

Das Marine-Luftschiff *LZ 104* verließ am 25. Oktober 1917 die Staakener Hallen und ging ein Jahr später bei der Rückkehr von der Afrika-Fahrt verloren.

Die Führergondel eines Heeresluftschiffes im Jahre 1916.

den bedrängten Truppen in der deutschen Kolonie in Ostafrika zu schicken. Das Luftschiff selbst sollte in Afrika demontiert und weiterverwendet werden, die Hülle beispielsweise als Zeltbahn. Das ursprünglich ausgewählte, in Friedrichshafen gebaute Luftschiff *LZ 102* drohte sich jedoch bei starkem Wind in Jüterbog bei Berlin loszureißen und mußte in Brand geschossen und zerstört werden.

Ersatz fand man in dem gerade in Staaken fertiggestellten Marine-Luftschiff *LZ 104 (L 59)*, das kurzfristig ebenso wie das *LZ 102* um 30 Meter verlängert wurde und nach einigen Probefahrten direkt von Staaken nach Jambol in Bulgarien startete, wo das Heer einen Luftschiff-Stützpunkt unterhielt. Von dort aus ging es am 21. November 1917 weiter in Richtung Afrika. Mit einem Gasinhalt von 68 500 Kubikmetern war *LZ 104* das größte Kriegsluftschiff. Aufgrund falscher Funksprüche der gegnerischen britischen Truppen, die meldeten, daß sich die deutschen Einheiten ergeben hätten, wurde das Luftschiff nach zwei Dritteln der Fahrt wieder zurückbeordert und kehrte nach Jambol zurück. Als es dort eintraf, hatte es in 95 Stunden eine Strecke von 6750 Kilometern bewältigt. Die Aufgabe war zwar nicht erfüllt worden, dafür hatte man unter dem Kommando von Kapitän Bockholt aber einen neuen Rekord aufgestellt.

LZ 104 stürzte im April 1918 über der Meerenge von Otranto mit der Besatzung unter dem Kommando Bockholts ab. Den Flugzeugen und Abwehrkanonen waren die Luftschiffe ohnehin mittlerweile unterlegen, viele wurden abgeschossen, und aus diesem Grunde hatte man bereits zu Beginn des Jahres die Produktion in Staaken eingestellt.

Insgesamt wurden in Staaken zwölf Luftschiffe gebaut. Als letztes startete *LZ 109* am 11. März 1918 zu seiner Jungfernfahrt. Es hatte ein Gasvolumen von 56 000 Kubikmetern und wurde nach 22 Fahrten über insgesamt 18 220 Kilometer mit 222 Betriebsstunden am 21. Juli 1920 nach England überführt, wo man es ein knappes Jahr später in Pulham abrüstete. Damit war aber nur eines von vielen Kapiteln in der Geschichte des Flugplatzes vor den Toren Spandaus abgeschlossen.

Die in Staaken gebauten Luftschiffe:

Bezeichnung/ Bauhalle (N = Nord, S = Süd)		Jungfernfahrt	Gasvolumen (m^3)	Zahl der Fahrten	Gesamtfahrdauer (Std.)	Gesamtfahrstrecke (km)	Betriebsende
LZ 75 (L 37)	N	9.11.1916	55 200	45	428	29 100	1919 abgewrackt
LZ 79 (L 41)	S	15. 1.1917	55 200	54	398	24 180	1919 zerstört
LZ 83 (LZ 113)	N	22. 2.1917	55 200	17	92	7 030	1924 in Frankreich abgerüstet
LZ 85 (L 45)	S	12. 4.1917	55 200	27	271	20 780	1917 bei Notlandung in Frankreich zerstört
LZ 87 (L 47)	N	11. 5.1917	55 200	44	392	27 720	1918 in Ahlhorn explodiert
LZ 89 (L 50)	S	9. 6.1917	55 200	19	134	9 740	1917 über Frankreich verschollen
LZ 98 (L 52)	N	14. 7.1917	55 800	40	404	30 400	1919 zerstört
LZ 99 (L 54)	S	13. 8.1917	55 800	52	310	20 270	1918 zerstört
LZ 103 (L 56)	N	24. 9.1917	56 000	39	292	21 980	1919 zerstört
LZ 104 (L 59)	S	25.10.1917	68 500	1	96	6 757	1918 abgestürzt
LZ 108 (L 60)	N	18.12.1917	56 000	23	206	16 000	1918 zerstört
LZ 109 (L 64)	S	11. 3.1918	56 000	22	222	18 220	1921 in England abgerüstet

KAPITEL 2

Von der Luftschiff- zur Flugzeugfabrik

Die Staakener Zeppelin-Werke beschäftigten sich nicht nur mit dem Bau von Luftschiffen, vor den Toren Spandaus wurden auch Flugzeuge gebaut. Bereits frühzeitig hatten der Graf und seine Mitarbeiter die Bedeutung dieses Bereiches der Luftfahrt erkannt. So waren neben der Luftschiffwerft im Norden zwischen Wasserstoffgasanstalt und Bahnlinie Werkshallen für die Flugzeugfertigung entstanden. Im Dienste Zeppelins standen zwei Männer, die zu den ganz Großen im deutschen Flugzeugbau werden sollten: Claude Dornier und Adolf Rohrbach.

In Lizenz der Gothaer Waggonfabrik bauten die Zeppelin-Werke in Staaken die sogenannten *Riesenflugzeuge*, Doppeldecker mit der für damalige Zeiten gigantischen Spannweite von 40 Metern. Unter der Leitung des Konstrukteurs und späteren Chefkonstrukteurs Adolf Rohrbach wurden die ursprünglich zweimotorigen Modelle aus Holz, Stahlrohr und Stoff verbessert und mit vier oder sogar fünf Triebwerken ausgestattet.

Kamen die ersten Staakener *Riesenflugzeuge* nicht über den Status eines Prototyps hinaus, so ging die *R VI* in Serie. Insgesamt wurden 18 Exemplare dieser viermotorigen Maschine gebaut, von denen zwei ein zusätzliches Aggregat erhielten, das einen Verdichter zur Auflading der übrigen Triebwerke antrieb. So konnte die Dienstgipfelhöhe bei voller Zuladung auf 6000 Meter gesteigert werden.

Im August 1916 wurde erstmals ein Staakener *Riesenflugzeug* im Kriegseinsatz geflogen. Am 10. März des folgenden Jahres ereignete sich in Staaken ein schwerer Unfall. Bei einem Probeflug prallte der Pilot Hans Vollmoeller, einer der erfolgreichsten Sportflieger der Vorkriegszeit, mit einer der Maschinen gegen ein Tor der großen Luftschiffhalle. Bei diesem Unglück kam auch Gustav Klein ums Leben, der technische Direktor der Stuttgarter Firma Robert Bosch, der als Motorenfachmann internationalen Ruf genossen hatte.

Die Staakener *Riesenflugzeuge* aus der im Jahre 1916 von Gotha verlagerten Produktion wurden vom Heer im Ersten Weltkrieg bald anstelle der Luftschiffe zur Bombardierung von Zielen in Großbritannien eingesetzt. Die Produktion lief auf Hochtouren, da die Maschinen nur eine geringe Treibstoffkapazität hatten, den Piloten bei der Rückkehr in schlechten Sichtverhältnissen häufig keine Zeit für Warteschleifen blieb und sie deshalb beim Versuch einer Blindlandung oft Bruch machten.

Eine Start- und Landebahn gab es damals nicht in Staaken, als Piste diente eine von Schafen abgeweidete Wiese. Die Zeppelin-Mitarbeiter betrieben viel Forschungsarbeit, um ihre Flugzeuge zu verbessern.

Besonders der Flugzeugbau war es, der den Grafen Zeppelin trotz seines hohen Alters zu mehreren Besuchen in Staaken veranlaßte. Anfang 1917 besichtigte er letztmalig die Produktionsanlagen und verabschiedete bei dieser Gelegenheit auch ein Marine-Luftschiff, das zum Überführungsflug startete. »Wie immer schwenkte er seine weiße Mütze und wünschte dem Schiff alles Gute«, erinnerte sich der erst kürzlich verstorbene Luftschiffkapitän Albert Sammt in seinem Buch *Mein Leben für den Zeppelin*. »Er war schon nicht mehr so rüstig, wie wir ihn kannten. Beim

Links oben: 1917 besuchte Graf Ferdinand von Zeppelin zum letzten Mal die Staakener Anlagen und begutachtete insbesondere die Flugzeugproduktion.

Oben: Adolf Rohrbach wurde Chefkonstrukteur der Staakener Zeppelin-Werke.

Ein von fünf Mercedes-Motoren angetriebenes *Riesenflugzeug* vor der Staakener Luftschiffhalle. Im Hintergrund das Verwaltungsgebäude und der Gasometer.

Eintreten in die Halle strauchelte er an den Überdeckungen der Ausfahrschienen und fiel, zwei hinzuspringende Herren mußten ihm aufhelfen.« Kurze Zeit später wurde Graf Zeppelin krank und sollte das Kriegsende nicht mehr erleben. Er starb am 17. März 1917. Nachfolger wurde sein enger Mitarbeiter und *Delag*-Direktor Dr. Hugo Eckener.

Gefürchtet waren Zeppelins *Riesenflugzeuge* insbesondere bei der Londoner Bevölkerung, denn sie wurden während des Ersten Weltkrieges zur Bombardierung der britischen Metropole eingesetzt. Die R VI, die ab 1917 zum Einsatz kam, wurde von vier Mercedes-Motoren mit je 260 PS Leistung angetrieben. Sie hatte eine Spannweite von 42,20 Metern, war 22,10 Meter lang und 6,30 Meter hoch. Die siebenköpfige Besatzung verfügte über mehrere Maschinengewehre und konnte bis zu 2000 Kilogramm Bomben-Zuladung an Bord nehmen. Bei 52 Angriffen wurden von *R VI*-Flugzeugen 196 Tonnen Bombenlast auf London abgeworfen, die 857 Tote und 2058 Verwundete forderten. Dabei wurde im Februar 1918 erstmals eine 1000-Kilo-Bombe eingesetzt, die ausgerechnet das Chelsea-Hospital traf. Es gab zahlreiche Opfer unter den Patienten. Ein dunkles Kapitel in der Geschichte des Flugplatzes Staaken, der Zeppelin-Werke und der deutschen Luftfahrt.

Stolz präsentierten sich die Staakener Konstrukteure vor einem der von ihnen gebauten *Riesenflugzeuge*.

Das von Dornier entworfene Aufklärungsflugzeug *Cl 1*.

Indessen konstruierte Dipl.-Ing. Claude Dornier, der im Auftrage des Grafen zunächst *Riesenflugboote* entworfen hatte, 1916 sein erstes Landflugzeug, die *V1*. Der einsitzige Doppeldecker, der in Staaken erprobt wurde, war in Metallbauweise konstruiert, Tragflächen und Leitwerk waren aber noch mit Stoff bespannt. Noch im gleichen Jahr begann dann die Entwicklung eines einmotorigen, zweisitzigen Land-Aufklärungsflugzeuges der sogenannten *C-Klasse*. Basierend auf einem Baumuster der Albatros-Flugzeugwerke wurden in Staaken die Konstruktionsvorschläge erarbeitet für eine Maschine in Metallbauweise, die jedoch nicht die Zustimmung des am Bodensee ansässigen Dornier fanden. Dieser setzte seinen Gegenvorschlag, den in Schalenbauweise konstruierten Doppeldecker *Cl1*, durch. Der Prototyp startete am 3. November 1917 in Zech bei Lindau zum Erstflug. Nach dem Bau erster Versuchsmaschinen und der Abnahme Anfang 1918 in Adlershof begann in Staaken die Serienproduktion des Modells.

Nicht eindeutig geklärt ist die Ursache eines Unglücksfalls, der sich im Frühjahr 1918 in Staaken ereignete. Kurz nach den Abnahmeflügen stürzte der Pilot Küstner, der auch am Steuerknüppel des Prototypen beim Erstflug gesessen hatte, mit einer *Cl1* aus großer Höhe ab. Es gab keine

Hans Vollmoeller
auf der Waage vor
einer Flugsport-
veranstaltung.
1917 starb er beim
Absturz eines
Riesenflugzeuges.

Dr. Hugo Eckener
(links) bei einem
Gespräch mit
Dipl.-Ing. Claude
Dornier.

Serienproduktion der Cl 1 auf dem Flugplatz Staaken.

Augenzeugen. Vermutet wurde als Ursache ein Fehler in der Warmbehandlung der Tragflächen-Holmgurte, durch den die notwendige Festigkeit des Materials nicht gegeben war.

Die erforderlichen Verstärkungen nahm man zum Anlaß, weitere Veränderungen und Verbesserungen an dem Modell vorzunehmen. So wurde der Abstand zwischen Rumpf und Oberflügel um etwa zehn Zentimeter erweitert, um den Piloten bessere Voraussicht zu ermöglichen, die Tragflügelfläche wurde vergrößert, das Leitwerk verändert. Der Erstflug der *Cl2*, so wurde die verbesserte Version bezeichnet, erfolgte am 17. August 1918. Die Serienfertigung des neuen Modells war jedoch so verzögert worden, daß der Typ im Ersten Weltkrieg nicht mehr zum Einsatz kam.

Beide Modelle wurden von einem Mercedes-Benz-Motor mit 160 PS Leistung angetrieben. Sie hatten eine Spannweite von 10,5 Metern und waren rund siebeneinhalb Meter lang. Die Höchstgeschwindigkeit in Bodennähe betrug 165 Stundenkilometer. Im Auftrag der damaligen *Inspektion der Fliegertruppen* in Charlottenburg entwickelte Claude Dornier aus dem Entwurf noch eine einsitzige Jagdmaschine unter der Baumuster-Bezeichnung *Zep D I 1750/18*. Der Prototyp startete im Juni 1918 in Zech bei Lindau. Bei Vergleichsflügen in Adlershof wurde das Modell sehr gut beurteilt, doch auch hier kam es zu keinem Serienbau mehr. Nach dem Kriegsende und der Aufhebung der Baubeschränkungen für Flugzeuge in Deutschland wurden die von Dornier geleiteten Zeppelin-Flugzeugwerke in Lindau ein eigenständiger Betrieb, der Grundstock des noch heute bestehenden Familienunternehmens.

Mit dieser Maschine stürzte Pilot Küstner im Frühjahr 1918 in Staaken aus großer Höhe ab.

Nach dem Krieg erließen die alliierten Siegermächte eine Reihe von Beschränkungen, die der deutschen Luftfahrtindustrie wenig Spielraum ließen. Ihnen sollte auch eines der erfolgversprechendsten Flugzeugmodelle seiner Zeit zum Opfer fallen.

Bereits 1920 konstruierte Adolf Rohrbach, der zwei Jahre zuvor Leiter des Staakener Zeppelin-Werkes geworden war, das Verkehrsflugzeug *E4/20 Staaken*, einen Schulterdecker in Glattblech-Bauweise, der mit vier Maybach-Motoren mit einer Leistung von je 260 PS ausgestattet wurde. In der geräumigen Kabine fanden 12 bis 18 Passagiere Platz, hinzu kam eine dreiköpfige Besatzung. Zum Komfort an Bord gehörten eine Toilette und ein Waschraum. Die *Staaken* war 16,49 Meter lang, hatte eine Spannweite von 30,98 Metern, und die Abflugmasse betrug 8500 Kilogramm. Bei einer Geschwindigkeit von 200 Studenkilometern hatte sie eine Reichweite von 1200 Kilometern.

Das fortschrittlichste Verkehrsflugzeug seiner Zeit: Rohrbachs *E4/20 Staaken* landete auf dem Schrottplatz.

Durch eingehende Berechnungen war Rohrbach auf den Vorteil höherer Flächenbelastung gekommen. Sie lag bei der *E4/20* mit 80 Kilogramm pro Quadratmeter doppelt so hoch wie bei anderen Flugzeugen dieser Jahre. Erfolgreiche Probeflüge bewiesen die aerodynamische Überlegenheit des Entwurfes. Auch die Anwendung der Ganzmetallbauweise verschaffte dem Namen Rohrbach internationales Ansehen.

Wäre die *E4/20* in Serienproduktion gegangen, so wäre sie das wohl fortschrittlichste Flugzeug ihrer Zeit gewesen. Den Siegermächten waren die Aktivitäten der Zeppelin-Konstrukteure jedoch nicht geheuer. Die interalliierte Militärkommission befürchtete, es könnte sich um die heimliche Entwicklung eines neuen Bombers handeln und ordnete die Zerstörung des einzigen Prototyps an. Rohrbach gründete daraufhin in Wedding sein eigenes Flugzeugwerk. Aufgrund der alliierten Beschränkungen wurden hier zunächst jedoch nur die Konstruktionspläne und kleinere Einzelteile angefertigt. Bau und Flugerprobung erfolgten bis zur Aufhebung der Begriffsbestimmungen des Versailler Vertrages in einem Zweigbetrieb im dänischen Kopenhagen. Später wurden dann auch mitten im Wedding Flugzeuge gebaut, die allerdings dann erst mit demontierten Tragflächen per Lastwagen zur Erprobung zu den jeweiligen Land- oder Wasserflughäfen transportiert werden mußten.

KAPITEL 3

Linienverkehr mit der *Bodensee*
Erinnerungen eines Zeppelin-Kapitäns

Auch der Luftschiffbau ging in sehr beschränktem Rahmen weiter. Auf Anweisung der Alliierten durften nur Luftschiffe bis zu einem Volumen von 30 000 Kubikmetern hergestellt werden. Am 20. August 1919 wurde unter diesen Bedingungen das *LZ 120 Bodensee* fertiggestellt. Bereits vier Tage nach der Jungfernfahrt begann der Liniendienst zwischen Friedrichshafen und Berlin. Morgens wurde in Richtung Berlin gestartet, wo man nach rund fünfstündiger Fahrt eintraf. Am darauffolgenden Tag ging es dann jeweils in die umgekehrte Richtung. Die einfache Fahrt kostete 400 Mark.

In Berlin wurde der Flugplatz Staaken benutzt. Die Passagiere wurden per Auto ins Stadtzentrum gefahren. »Hiesige Einwohner, welche die Luftreise nach dem Bodensee beabsichtigen, müssen sich zur Anmeldung bei der Hamburg-Amerika-Linie Berlin, Unter den Linden 8, einfinden«, schrieb die *Spandauer Zeitung* am 22. September 1919. »Dort erhalten sie die Fahrkarten und haben gleichzeitig die Berechtigung, mit dem Automobil, welches von Berlin wieder zum Flugplatz fährt, von einer Haltestelle an der Heerstraße mitzufahren.«

Erst vor kurzer Zeit starb der letzte Zeppelin-Kapitän Albert Sammt, der lange Zeit in Staaken tätig war. Von ihm stammt das Buch *Mein Leben für den Zeppelin*, das im Verlag Pestalozzi Kinderdorf Wahlwies in Stockach erschienen ist. In mehreren Kapiteln des Werkes geht Sammt ausführlich auf die Arbeit in Staaken ein. Eines davon befaßt sich mit der Notlandung des *LZ 120 Bodensee* nach einem Linienflug von Friedrichshafen nach Staaken. Mit der freundlichen Genehmigung des Verlages drucken wir Auszüge des Kapitels *Notlandung im tiefverschneiten Wald* ab. Es schildert einige der Schwierigkeiten und Probleme, mit denen die Luftschiffer seinerzeit zu kämpfen hatten:

Auch am 2. November 1919 starteten wir wieder nach Berlin mit Kapitän Flemming als Kommandant. Ich hatte das

Höhensteuer wie immer. Bei der Abfahrt in Friedrichshafen war schönes Wetter, aber je weiter wir nordwärts kamen, desto schlechter wurde es. Als wir gegen 18 Uhr Staaken erreichten, wurde es gerade dunkel; der Schnee war hier schon einen halben Meter hoch. Trotzdem konnten wir tadellos landen, der 1. Offizier Ingwardsen stieg aus, und die Haltemannschaft zog das Schiff unter seiner Leitung zur Halle herüber zum Einhallen.

Das Schiff sollte gerade zwischen den Führungsschienen festgemacht werden, damit es vom Seitenwind nicht gegen die Hallenwände gedrückt werden konnte, da rissen plötzlich einige Böen des Nordostwindes das Luftschiff hoch. Die Haltemannschaft versuchte wohl zu halten – aber wenn die Leute den Boden unter den Füßen verloren, ließen sie natürlich los und sprangen ab. Dadurch ist das Schiff wieder leichter geworden und ging ein paar Meter höher.

Schon kam die nächste Böe über die Halle und drückte das Schiff wieder auf den Grund – es krachte in allen Fugen. Das ging so zwei-, dreimal: Beim vierten oder fünften Mal berührte die Spitze des Schiffs fast das Hallendach über dem offenen Hallentor, dann ging es wieder runter. Der Gondelboden schlug auf. Mein Hilfssteurer, Müller, verließ die Führergondel mit einem Hechtsprung durchs Fenster. Panik ergriff die Leute – rette sich wer kann! Der Funker, der in seiner Kabine war und nichts zu tun hatte, schoß auch raus – weg! Im Passagierraum hatte der Obersteward, Kubis, Dienst. Er hatte sich damals beim Brand der *Schwaben* Verbrennungen zugezogen und hatte nun natürlich ein bißchen Angst. Anstatt bei seinen einunddreißig Passagieren zu bleiben, sprang er auch hinaus und natürlich zwei Fahrgäste hinterher. Die hintere Maschinengondel war unten kaputt; der Propeller ging durch einen Aufschlag zu Bruch. Die zwei Maschinisten sind auch rausgesprungen – und durch diesen Gewichtsverlust ist natürlich das Schiff schön leicht geworden und immer höher gestiegen.

Die Enden der zwei großen, zirka 100 Meter langen Halteseile hatte die Haltemannschaft schon halb in die Halle gezogen. Die Halle war ganz hell erleuchtet. Die Mannschaft stand schon mitten in der Halle und hat weiter gezogen. Ich sah das und dachte mir: Jetzt ist es aus! Jetzt stoßen wir vorne mit der Spitze gegen die Halle, dann ist das Schiff zerstört. Ich stand am Höhensteuer, lehnte mich zum Fenster hinaus und brüllte runter: »Loslassen!!«

Das Schiff wurde von der Nordhalle zur Südhalle hinübergetrieben. Auf der Südhalle standen die großen Parabolscheinwerfer. Auf einmal tauchten sie unter dem

Das Luftschiff *LZ 120 Bodensee* 1921 beim Start in Friedrichshafen.

Schiffskörper auf und kamen auf die Führergondel zu und streiften sie fast. Die Halteseile rutschten an den Scheinwerfern vorbei, ich schaute, ob da niemand von der Hallenmannschaft noch dranhängt – doch waren glücklicherweise alle freigekommen.

Jetzt waren wir frei, jetzt konnte nichts mehr passieren. Wie leicht hätten wir das Schiff an der Halle zerstören können – das war mir ganz klar gewesen: Wie sehr hätten wir auch die Passagiere im Schiff gefährdet.

Nun stiegen wir durch die Entlastung immer höher. Und kein einziger Motor funktionsfähig, mit dem wir hätten abwärts steuern können! In 500 oder 600 Metern war die untere Wolkengrenze. Wir tauchten in die Schneewolken ein, es war stockfinster. Kein Mond, keine Sterne, und wegen eines Kurzschlusses hatten wir auch im Schiff kein Licht. In der Kabine war alles kaputtgeschlagen, der Kompaß lag auf dem Boden; der Kabinenboden war deformiert.

Vorläufig trieben wir wie ein Freiballon durch die Wolken: Der Kasten drehte sich und stieg höher und höher. Mein mit Leuchtziffern versehener Höhenmesser zeigte 600 m, 650 m, 700 m, 750 m – auf einmal Sternenhimmel über uns! Wir hatten also die Obergrenze der Wolke mit ihrem Schneegestöber erreicht. Aber jetzt – was tun? Um nicht noch höher zu steigen, was uns Gas und Tragkraft für die Landung gekostet hätte, brauchten wir dringend Maschinenkraft. Was war mit den beiden Seitenmotoren? Beim einen leckte der Kühler, und beim anderen war irgendein Bolzen gebrochen. Wir hatten also keinen arbeitsfähigen Motor.

Einen Fahringenieur nahmen wir damals wegen des Gewichts angesichts der relativ kurzen Fahrstrecke nicht mit, sondern nur einen Fahrmeister. Obermaschinist Gotthardt wurde gerufen und gefragt: »Gotthardt, was ist los? Wann kriegen wir die Maschinen flott, wir brauchen eine halbe Maschine, nur eine halbe!« Er sagte: »Ja, 'ne halbe Maschine, die könnte man vielleicht hinkriegen«, und ging nach hinten.

Inzwischen waren wir schon ein ganzes Stück abgetrieben. Es herrschte absolute Stille wie bei einer Freiballonfahrt, und wir konnten jedes Wort der Maschinisten und ihr Hantieren aus den Maschinengondeln hören. Bei den Maybachmotoren mußte damals beim Anwerfen das Gemisch noch von Hand gepumpt werden. Wir hörten das Pumpen – pup – pup – pup, dann den Anlasser – tschupp – päng – päng und wieder absolute Stille. Wieder Pumpen – pup – pup – pup und dann der Anlasser – tschup und: päng – päng – päng – päng – es lief!!! Gott sei Dank: eine Maschine! Sofort haben wir das Schiff mit dem Ruder nach unten gedrückt, durch die Wolke und das Schneetreiben und unten wieder heraus – da war alles weiß.

Weiter und weiter trieben wir nach Westen zurück. Aber Gotthardt hatte nun den anderen Seitenmotor auch so mit halber Kraft in Gang gebracht. Somit standen uns zwei halbe Maschinen zur Verfügung, das war schon erfreulicher. Trotzdem trieb uns der Ostwind weiter ab. Gotthardt war wieder nach vorne gekommen. Ich fragte: »Wieviel Benzin haben wir für die zwei halben Maschinen?«, worauf er nach hinten lief, um den Treibstoffvorrat genau zu prüfen; er kam mit der Meldung zurück: »Für zwei halbe Maschinen haben wir ungefähr bis 3 Uhr morgen früh Benzin.« Das hieß also: nachts landen!

Wir hatten noch 29 Passagiere im Fahrgastraum der Gondel. Ich schlug Kapitän Flemming vor, die Passagiere oben rauf ins *rote Zelt* zu bringen. Das *rote Zelt* war ein einfach ausgestatteter, durch Leinwand abgeteilter Raum für die Mannschaft, der unten in der Mitte des Schiffsrumpfes lag und damit den Passagieren mehr Schutz bot. Wir mußten ja bei einer Waldlandung damit rechnen, daß Baumstämme in die Fahrgastkabine eindringen würden. Kapitän Flemming antwortete: »Ja, tun Sie das!« Da wir keinen Steward mehr

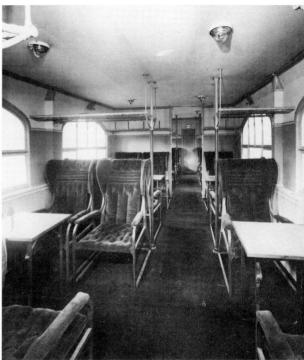

Oben: Albert Sammt steuerte das *LZ 120* oft nach Berlin.

Rechts oben: Blick in die geräumige Passagierkabine der *Bodensee*.

hatten, ging ich zu den Passagieren und erläuterte ihnen die Lage. Im Dunkeln geleitete ich einen nach dem anderen an der Küche vorbei eine Leiter hinauf zum Laufgang. Von dort begleiteten sie einige Maschinisten, die gerade nichts zu tun hatten, noch zirka zehn Meter auf dem Laufsteg zum roten Zelt. Das rote Zelt war mit gepolsterten Bänken ausgestattet und durch die Notbeleuchtung geradezu gemütlich erhellt. Hier konnten sich die Passagiere wohl fühlen. Bald schliefen manche.

Wir hatten gerade die Hälfte der Leute in das rote Zelt bugsiert, als Kapitän Flemming durch den Laufgang brüllte: »Herr Sammt, Herr Sammt, ich kann das Schiff nicht halten!« Ich habe Maschinenmeister Grötzinger die Fahrgäste anvertraut und bin in den Führerraum gelaufen. Zuerst dachte ich, daß das Schiff nach unten durch die Wolkendecke gesackt sei, es war jedoch zu leicht, so daß wir uns wieder über den Wolken befanden. Na ja, dann habe ich das Ruder wieder in die Hand genommen und das Schiff mal richtig auf den Kopf gestellt. Einige Maschinisten wurden nach vorne in den Bug geschickt, damit das Schiff eine noch stärkere Schräglage nach unten annahm – so haben wir nochmals das Abblasen von Traggas vermeiden können. Nun ging es wieder nach unten, durch die Wolkendecke mit

dem Schneetreiben; wir tauchten über der Schneelandschaft aus den Wolken.

Erneut stellte sich die Frage, wo wir uns befanden. Schon waren wieder eine bis zwei Stunden vergangen. Bald konnten wir feststellen, daß wir über einem großen Waldgelände fuhren, und wir sahen einen großen beleuchteten Gutshof oder ein Försterhaus. Es war inzwischen 22 oder 22.30 Uhr, als das Schiff plötzlich zu fallen anfing. Offensichtlich war die Luft am Boden wärmer – ich hatte alle Mühe und Not, das Schiff zu halten. Herrschaft, das ging immer weiter auf den Wald zu! Da – plötzlich verlangsamte sich das Fallen. Mit dem Maschinentelegraphen gab ich das Kommando »Volle Kraft voraus!« – schon ging das Schiff tatsächlich wieder hoch, um gleich darauf in die Wolkendecke einzutauchen.

Da schlug ich Flemming vor: »Also, bis drei Uhr reicht uns das Benzin. Bis dahin warten wir nicht mit dem Runterkommen. Wir landen sobald wie möglich im Wald, wenn möglich in einer Schonung.« In der weißen Schneelandschaft konnte man ja jede Schonung, die meistens viereckig angelegt sind, von oben gut erkennen. So schaute ich über mein Höhenruder zum Fenster hinaus – aber es war nun auf einmal kein Wald mehr unter uns, sondern nur weißes

Spartanisch war der Mannschaftsraum der *Bodensee* mit Hängematten ausgestattet.

Gelände. Inzwischen war es 1 Uhr geworden. Plötzlich sah ich ganz weit rückwärts unter der Flosse wieder ein viereckiges schwarzes Stück auftauchen. Das war Wald! Da verlangte ich: »Also jetzt müssen wir runter, sonst müssen wir, wenn der Sprit ausgeht, irgendwo landen, wo wir nicht wollen, jetzt können wir uns den Landeplatz noch aussuchen.«

Gesagt, getan. Ich habe das Schiff immer weiter nach unten gedrückt. Tatsächlich war das schwarze Viereck hinter uns ein Jungwald. Da die Fahrtgeschwindigkeit geringer war als die Windgeschwindigkeit, sind wir rückwärts auf diese Schonung zugetrieben. Plötzlich gab es unten ein Feuerwerk. Wumm! Und Dr. Dürr ruft vorne: »Au, da unten schießen sie Leuchtraketen!« Da sagte ich: »Ja, Herr Doktor, das sind schöne Leuchtraketen – in der Starkstromleitung hängen wir!« Die Haltetaue hingen ja immer noch 100 Meter runter und wir waren nur noch 70 bis 80 Meter hoch. So haben sich die Taue um die Freikabel geschlungen und sind abgebrannt. Ich spürte am Höhenruder, wie wir sogleich wieder loskamen und meldete Dr. Dürr: »Wir sind schon wieder frei!« Sofort habe ich das Schiff nach unten gedrückt. Langsam glitten wir auf den Waldrand zu. Zu meiner Freude beobachtete ich, daß wir gerade das richtige Stück des Waldes erreicht hatten und rief Dr. Dürr zu: »Hart Steuerbord!« Der legte das Seitenruder hart Steuerbord, das Schiff schwenkte schön ein. Nun wieder hart Backbord – das Schiff schob sich langsam auf die Schonung an den Hochwald seitlich heran. Die kleinen Tannenbäumchen wurden umgelegt, so daß die Gondel schließlich wie auf einer Matratze auflag. Hinten war das Schiff sehr leicht (wir hatten ja die Maschinisten in den Bug geschickt) und vorne saß es gut auf. Flemming hat sofort die Motoren gestoppt und das Gas-Handrad gedreht, wodurch sich sämtliche Gasventile öffneten. Nach einer Minute mahnte ich: »Gut, gut, das reicht, sonst kommen wir morgen nicht mehr weg!«

So saßen wir fest im Wald. Vor der Landung wurde den Passagieren gesagt, daß sie bewegungslos auf den wunderschönen Korbstühlen sitzen bleiben sollen, wir würden das Schiff auf den Wald setzen und es würde nichts Gefährliches passieren. Sie sind tatsächlich sitzen geblieben – da hat keiner einen Schritt gemacht. Einige Fahrgäste schliefen sogar; manche glaubten es uns erst, daß wir tatsächlich gelandet waren, als ihnen die Maschinisten Tannenzweige zeigten. Dann schliefen sie wieder ein.

Wo waren wir? Die Maschinisten sind nach hinten gelaufen und Dr. Dürr ist mit einer Kolonne aufgebrochen: Gegen 7 Uhr hörten wir auf einmal: »Hallo, hallo! Wo seid ihr?« – da kamen sie wieder an, und sie hatten herausgebracht, wo wir waren, nämlich bei Wolmirstedt, 10 km nördlich von Magdeburg in der Elbe-Talebene. Natürlich sind gleich einige Bauern und andere Leute mitgekommen. Wir haben aber zunächst das Schiff schön stehen lassen, wo es war. Während der ganzen Zeit hatte es geschneit und geschneit. Telefonieren hatten unsere Leute noch nicht können, da die Telefonstationen auf dem Land erst ab acht Uhr arbeiteten – da war nichts zu machen gewesen. Aber jemand war dort geblieben, um dann Staaken gleich zu verständigen, daß wir glücklich gelandet waren.

Autor und Verlag danken dem Verlag Pestalozzi Kinderdorf Wahlwies für die freundliche Genehmigung zum Nachdruck von Auszügen des Kapitels *Notlandung im tiefverschneiten Wald*. Es stellt eine interessante Schilderung der Verhältnisse dar, unter denen anno 1919 der Luftschiffverkehr in Staaken stattfand, und war deshalb bereits in die Serie im *VOLKSBLATT BERLIN* aufgenommen worden. Das Buch *Mein Leben für den Zeppelin* des erst vor kurzer Zeit verstorbenen Luftschiffkapitäns und Zeppelin-Mitarbeiters Albert Sammt enthält noch eine Vielzahl von weiteren, interessanten Tatsachenberichten und Fotos sowie eine Schallplattenfolie, auf der der Autor persönlich seine Erlebnisse schildert. Es ist allen Lesern zu empfehlen, die mehr über die spannende Geschichte der Luftschiffahrt erfahren wollen, und kann über den Verlag Pestalozzi Kinderdorf Wahlwies in 7768 Stockach 14 bezogen werden.

KAPITEL 4

Staaken wird zur Filmstadt

Im Zuge der Nachkriegsereignisse erhielt das Luftschiff *Bodensee*, mit dem der Liniendienst zwischen Staaken und Friedrichshafen abgewickelt wurde, Anfang 1920 von den alliierten Siegermächten ein Fahrverbot und mußte später an Italien ausgeliefert werden. Das Schwesterschiff *Nordstern* ging nach Frankreich.

Die südliche der beiden großen Staakener Luftschiffhallen mußte auf Anordnung der Alliierten 1922 abgerissen werden. Das Material holten sich die Siedler, die in der Umgebung Wohnlauben und kleine Einfamilienhäuser errichteten. Die verbleibende Luftschiffhalle und weitere, kleinere Gebäude wurden an Filmgesellschaften vermietet, die dort Studios einrichteten.

Noch 1922 drehte die *Gloria* hier ihren ersten Spielfilm, ein Jahr später etablierten sich, unter der Leitung des Produzenten Hans Neumann, die *Filmwerke Staaken*. »Eindrucksvoll ist vor allem die große Halle, die über einen Nutzraum von 12 000 Quadratmetern verfügt und Bauten in einer Höhe von 45 Metern zuläßt« schrieb 1923 die *Spandauer Zeitung*. »Der große Rundhorizont erweist sich als neuartige und sinnvolle Dekoration, die Außenaufnahmen überflüssig macht.« Von der *größten Filmfabrik der Welt* war die Rede. Rund ein Drittel der deutschen Filmproduktionen entstand in jener Zeit in Staaken. Zu rund 300 ständig beschäftigten Arbeitern kamen außer den Schauspielern bis zu 1000 Statisten.

Sechs Filmateliers entstanden in der großen Zeppelinhalle und den angrenzenden Gebäuden. Hier wurden unter anderem der berühmte Stummfilm *Metropolis* von Fritz Lang mit Gustav Fröhlich, Heinrich George und Brigitte Helm, der Monumentalfilm *Indri* mit Henny Porten und Asta Nielsen, *Der heilige Berg* mit Leni Riefenstahl und Luis Trenker (dessen Handlung *offiziell* in den Schweizer Bergen spielte) und mehrere Streifen mit Harry Piel gedreht. Auch der Film *Demetrius* entstand in Staaken, die

Fritz Lang mit seinem Stab bei den Dreharbeiten zu *Metropolis* in Staaken.

Links oben und unten: Nur die nördliche der beiden Luftschiffhallen blieb 1922 stehen. Die Südhalle mußte auf alliierten Beschluß gesprengt werden.

Moskauer Kathedrale stand, nachgebaut, in der einstigen Luftschiffhalle. Vom 22. März 1925 bis zum 30. Oktober 1926 dauerten die Aufnahmen für *Metropolis*. Regisseur und Drehbuchautor Fritz Lang erhielt zum Bau seiner utopischen Fabrikstadt einen in Deutschland bis dahin nicht dagewesenen Etat, der mehrfach noch erhöht werden mußte. Mit seinen hervorragenden Bauten und seiner ausgezeichneten Tricktechnik wurde der Stummfilm eines der aufwendigsten Werke der Filmgeschichte, brachte aber die *Ufa* auch in ernsthafte finanzielle Schwierigkeiten.

Die Zeppelin-Werke hatten durch den Studiobetrieb eine doppelte Einnahmequelle. Zu der Miete kamen auch noch die Gelder, die die Luftschiffkonstrukteure nunmehr für den Bau von Filmkulissen erhielten. Albert Sammt, der inzwischen Verwaltungsaufgaben in Staaken übernommen hatte, war für den Einkauf zuständig. Er besorgte, je nach Wunsch der Regisseure, waggonweise Waldbäume, Rasen, Bretter oder was sonst gerade benötigt wurde, um in der einstigen Zeppelinhalle realistische *Außenaufnahmen* zu simulieren. Bei *Metropolis* organisierte Sammt mit Hilfe einer Rangierlokomotive, eines Boilers und vieler Ventile den Dampf für die gewaltige Supermaschine, die in diesem Streifen eine wichtige Rolle spielte.

1930 wurde in Staaken ein Teil der Aufnahmen für die damals umstrittene Verfilmung von Brechts *Dreigroschenoper* gemacht. Gedreht wurde im äußersten Atelier der ehemaligen Zeppelin-Halle. Hintereinander wurden in den jeweiligen Dekorationen die einzelnen Szenen in der deutschen und in der französischen Fassung aufgenommen.

»Die letzte Dekoration zeigt ein Alt-Londoner Hafenviertel von einer kaum zu überbietenden Echtheit« schrieb das *Reichsfilmblatt* am 15. November, dem letzten Drehtag in Staaken. »Dem Architekten Leo Andrejew muß bereits an dieser Stelle ein ganz besonderes Lob gespendet werden, denn er hat da mit Holz, Pappe und Leinwand einen naturalistischen Schauplatz geschaffen, wie er in Wirklichkeit selbst in Old-England nicht besser gefunden werden könnte«. Um besonders realistische Aufnahmen zu bekommen, hatte man hinter der offenen Rückwand der Staakener Halle Masten in den Grasboden gesteckt, die den Eindruck im Hintergrund liegender Schiffe vermittelten.

Die Hauptrollen spielten Rudolf Forster und Carola Neher, Regie führte G. W. Pabst und für die Kameraführung zeichnete F. A. Wagner verantwortlich. Am 19. Februar 1931 erlebte der Tonfilm der *Tobis-Warner-Produktion* seine festliche Premiere im Berliner Atrium.

Den Dampf für die *Supermaschine* organisierte Albert Sammt mit Hilfe einer Rangierlok, eines Boilers und vieler Ventile.

Um 9.30 Uhr überflog das Reparations-Luftschiff *LZ 126* am 26. September 1924 den Staakener Flugplatz.

Als Reparationslieferung für die USA bauten die Zeppelin-Werke indessen in Friedrichshafen das Luftschiff *LZ 126 (ZR 3)*, das vor seiner Reise über den Atlantik im Herbst 1924 noch auf mehrere Erprobungs- und Deutschlandfahrten ging und dabei am 26. September 1924 auch nach Staaken kam. Dort sorgte das neblige Wetter dafür, daß der Ansturm der Menschenmassen doch geringer als erwartet blieb. »Die Direktion der Zeppelinwerft hatte in Verbindung mit der Berliner Polizeidirektion umfassende Vorkehrungen für die Unterbringung des erwarteten Massenbesuches getroffen«, vermerkte die *Spandauer Zeitung.* »Starke Schutzpolizei-Abteilungen aus Berlin, Charlottenburg und Spandau hielten die Zugangsstraßen vom Bahnhof Staaken und von der Heerstraße her besetzt und sorgten für reibungslose Abwicklung des Aufmarsches der Fußgänger und des Wagenparks.«

Trotz aller Erfahrung sah man in Staaken die Luftschiffbesuche offenbar noch mit Skepsis, denn für die Hilfe bei einer möglichen Notlandung stand neben einer Abteilung der Schutzpolizei auch noch eine Kompanie eines Reichswehrregiments bereit. Zur Begrüßung des *LZ 126* waren 16 Flugzeuge, Ein- und Doppeldecker, zur Parade aufgestellt und wurden auch von ihren Piloten vorgeführt. Mehrere

Kapellen sorgten für die musikalische Untermalung des Spektakels.

Gegen 9.30 Uhr näherte sich das Luftschiff und ging über der Mitte des Flugplatzes auf rund 70 Meter hinab. Per Fallschirm wurde ein Paket mit Post abgeworfen, dann stieg der Zeppelin wieder auf größere Höhe, um seine Reise nach einer Platzrunde fortzusetzen.

»Von Oranienburg fuhr *ZR 3* nach dem Flugplatz in Staaken und, von dort kommend, erschien es 9.45 Uhr über Spandau«, berichtete damals die *Spandauer Zeitung*. »Auf den Straßen und Plätzen sammelten sich sofort große Menschenmengen an, die das Luftschiff freudig begrüßten.« Trotz Nebels und tiefhängender Wolken sei der *Zeppelin* gut erkennbar gewesen.

»Es erschien zuerst über der Neustadt, an der Garnisonkirche wendete es in geringer Höhe und drehte auf die Altstadt, das Rathaus zu, um dann bald den Blicken in Richtung nach Berlin zu entschwinden«, notierte der Chronist. Nach einer großen Runde über dem Berliner Stadtgebiet kurvte *LZ 126* nach Südwesten, um die Heimreise nach Friedrichshafen anzutreten.

Im Oktober startete das 201 Meter lange Luftschiff mit einem Gasinhalt von 70 000 Kubikmetern auf die Überführungsfahrt und konnte wohlbehalten in Amerika abgeliefert werden.

KAPITEL 5

Von der *DLR* zur *Lufthansa*

Während sich die Bedeutung der Luftschiffe immer mehr auf den Langstreckenbereich verlagerte, nahm das Flugzeug als Verkehrsmittel für kürzere Strecken nach dem Ersten Weltkrieg einen rasanten Aufschwung: Und Staaken sollte auch dabei wieder eine wichtige Rolle spielen.

Bereits am 13. Dezember 1917 war die *Deutsche Luft-Reederei (DLR)* gegründet worden. Am 8. Januar 1919 erhielt sie vom Reichsluftamt, dessen Leiter kurz zuvor der Ingenieur und Flugzeugbauer August Euler – einer der Altmeister des deutschen Motorfluges und Inhaber des ersten deutschen Pilotenscheins – geworden war, die *Zulassungs-Bescheinigung zum Luftverkehr Nr. 1.* Die Genehmigung beschränkte sich vorerst darauf, bis zum Ende des Monats *zu Propagandazwecken Luftverkehr mit Flugzeugen zu betreiben.*

Am 5. Februar nahm die *DLR* dann mit umgebauten Militärflugzeugen als erste Fluggesellschaft Europas einen Liniendienst auf. Beflogen wurde zunächst die Route von Berlin nach Weimar, dem während der Dauer der damaligen Nationalversammlung vorübergehenden politischen Zentrum des Deutschen Reiches. Einer der ersten Piloten auf dieser Route war der Exjagdflieger Max Kahlow. Bequeme Sitze gab es in den *AEG-* und *LVG*-Doppeldeckern noch nicht, ebensowenig eine geschlossene Kabine.

Dementsprechend mußten die ersten mutigen Passagiere ausstaffiert werden. »Eine vollständige Flugausrüstung wird den Reisenden leihweise und unentgeltlich zur Verfügung gestellt« hieß es in einer Mitteilung der *DLR* aus dem ersten Betriebsjahr. Sie würde zumeist »aus wollenem Überanzug, Schal, Gesichtsmaske, Sturzhelm, Schutzbrille, Pelzhandschuhen und nach Bedarf auch Pelzstiefeln« bestehen. »In der kälteren Jahreszeit wird auch eine Wärmflasche den Fluggästen zur Verfügung stehen«.

Trotzdem erwies sich das Flugzeug als zukunftsweisendes Verkehrsmittel, und so stieg die Zahl der beflogenen

Links oben und unten: Die Flugzeughallen am Nordrand des Flugplatzes, nahe der Eisenbahnlinie nach Hamburg.

Routen ebenso rasant an, wie die der in diesem Bereich tätigen Unternehmen. Zu der *Deutschen Luft-Reederei*, die von den damals Flugzeuge produzierenden *AEG-Werken* und der *Deutschen Bank* ins Leben gerufen worden war (später kamen die *Hapag-Reederei* und der *Zeppelin-Konzern* dazu), gesellten sich zahlreiche Konkurrenten. Die bedeutendsten Namen: *Junkers Luftverkehr* und *Lloyd Luftverkehr Sablatnig*, eine Gründung der *Sablatnig Flugzeugwerke* und des *Norddeutschen Lloyd*. Sie bildete später den Kern der *Lloyd Luftdienst GmbH*, in der sich eine Reihe von mit Unterstützung des *Norddeutschen Lloyd* gegründeten Fluggesellschaften zusammenfanden.

Bereits 1909, also sechs Jahre vor Beginn der Zeppelin-Aktivitäten in Staaken, war im Zeichen der zunehmenden Flugaktivitäten im In- und Ausland der Flugplatz Johannisthal eingerichtet worden. Dort fanden erste Flugtage, Probestarts von ersten Experimentiermodellen statt, und auch erste Flugwerkstätten wurden eingerichtet. An einen regelmäßigen Linienflugdienst dachte zu diesem Zeitpunkt allerdings noch kaum jemand. Als es zehn Jahre später dann ernst wurde, herrschte auf beiden Plätzen reger Betrieb. So wurde Johannisthal zwar zunächst offizieller Heimatflughafen der *DLR*, doch verlegte das Unternehmen *1920* dann seine Aktivitäten nach Staaken, wo die Zeppelin-Werke die Flugzeughallen am Nordrand des Platzes an Fluggesellschaften und Fliegerschulen vermieteten. Zahlreiche Linienflüge der *DLR* und der *Lloyd* in alle Teile des Deutschen Reiches hatten ihren Ausgangs- und Endpunkt vor den Toren Spandaus.

Noch im Jahre 1919 flogen von Staaken aus von den *Zeppelin-Werken* gebaute *Riesenflugzeuge* in die nach Befreiungskämpfen gegründete Ukrainische Volksrepublik. Sie transportierten Banknoten, die in Deutschland gedruckt worden waren. Ein Jahr später wurde die Landgemeinde Staaken an Spandau angegliedert und kam mit dem Bezirk in die neue Großgemeinde Berlin.

Am 27. Dezember des Jahres 1922 startete in Staaken ein einmotoriger Eindecker der *DLR* vom Typ *Dornier Komet II*, die *D 223*, wegen ihres grünen Anstrichs *Laubfrosch* genannt, zum ersten Flug einer deutschen Verkehrsmaschine nach England. Ein Vorvertrag zwischen den Regierungen beider Länder über die Aufnahme eines planmäßigen Luftverkehrs sah vor, daß noch vor dem Jahresende die britische Insel erreicht werden mußte. Das Flugzeug, ausgelegt für zwei Besatzungsmitglieder und vier Passagiere, hatte eine Höchstgeschwindigkeit von 165 Stundenkilometern. Gesteuert wurde die 10,3 Meter lange Maschine (Spannweite

17 Meter) von Flugkapitän Max Kahlow. Mit an Bord befanden sich neben einem Bordwart die Direktoren der jungen Gesellschaft, Walter Mackenthun, Otto Merkel und Martin Wronsky.

Die schlechte Witterung machte zunächst eine Zwischenlandung in Amsterdam erforderlich. Nach dem erneuten Start, als sich die ohne jegliche Blindfluginstrumente ausgestattete Maschine im dichten Nebel über dem Kanal befand, befürchteten die Direktoren, daß sich Kahlow auf dem falschen Kurs befinden könnte. Doch es gab keine Verständigungsmöglichkeit zwischen der offenen Pilotenkanzel und der geschlossenen Passagierkabine. Am Abend tauchte dann die englische Küste auf. Eine weitere Zwischenlandung in Folkstone war erforderlich, bevor dann am Silvestertag der Londoner Flugplatz Croydon erreicht wurde. Die reine Flugzeit betrug neun Stunden.

Am 6. Februar 1923 wurde mit einem Startkapital von 100 Millionen Reichsmark die *Deutsche Aero Lloyd AG* gegründet, in der die *Deutsche Luft-Reederei* sowie die *Lloyd Luftdienst GmbH* aufgingen. Einziger ernster Konkurrent blieb die *Junkers Luftverkehr*. Noch im gleichen Jahr wurde ein neuer Flugplatz auf dem Tempelhofer Feld in Betrieb genommen. Die langen Entfernungen zwischen Staaken, Johannisthal und dem Stadtzentrum hatten zur Einrichtung dieses späteren Zentralflughafens geführt.

Wenige Monate nach Kahlows Pionierleistung, am 3. Mai 1923, konnten die *Aero Lloyd* und die britische Fluggesellschaft *Daimler-Hire* den regelmäßigen Liniendienst zwischen Staaken und London mit Zwischenlandungen in Bremen und Amsterdam aufnehmen.

»Das englische Flugzeug, das am Montagabend in Staaken gelandet war, trat gestern vormittag wieder seine Rückreise nach London an«, berichtete die *Spandauer Zeitung*. »An Bord befanden sich der Pilot, der Monteur und vier englische Fluggäste.« Daß man damals den »fliegenden Kisten« noch nicht so recht traute, läßt sich aus diesem Satz des Zeitungsberichtes ableiten: »Der Flug ging glatt vonstatten, und um 7.30 Uhr abends wurde funktelegraphisch aus London gemeldet, daß der Apparat in Croydon glücklich gelandet sei.«

Einer der Piloten, die regelmäßig diese Route beflogen, war Max Kahlow. Später im Dienste der *Luft Hansa*, war er einer der ersten Verkehrsflieger, die 1932 auf eine Million Flugkilometer kamen. »Oftmals brauchten wir zur Bewältigung der Strecke 12 bis 13 Stunden«, erinnerte er sich aus diesem Anlaß in der Firmenzeitung *Der Flugkapitän*. Moderne Jets bewältigen die Route heute in zwei Stunden.

Mit einer *Dornier Komet* startete Max Kahlow 1922 zum Erstflug nach London.

Trotz der Konkurrenz Tempelhofs herrschte in Staaken auch weiterhin Betrieb. So meldete die *Spandauer Zeitung* am 2. Mai 1924, daß der Luftverkehr auf den Routen Berlin – Hannover – Amsterdam mit Anschluß nach London sowie Berlin – Danzig – Königsberg aufgenommen worden sei. Um 9.55 Uhr seien zwei Passagiere mit der stattlichen Menge von 126 Kilogramm Gepäck mit der ersten Maschine der *Aero Lloyd* nach Amsterdam gestartet und dort planmäßig um 15.10 Uhr eingetroffen. »Das um zwei Uhr nachmittags nach Königsberg gestartete Flugzeug *D 234* ist um 6 Uhr 55 Minuten abends in Ostpreußens Hauptstadt glatt gelandet«, heißt es weiter in dem Bericht.

Zu den Linien- und Erprobungsflügen sowie dem Wartungsbetrieb kamen gelegentliche Publikumsveranstaltungen hinzu, zu denen auch Geschwader- und Kunstflüge gehörten. Daß es dabei für die Akteure nicht immer ungefährlich zuging, geht aus einem Zeitungsbericht vom Dezember 1923 hervor. Da demonstrierte ein wagemutiges *Fräulein Schneider* einen Fallschirmabsprung aus 300 Metern Höhe. Vor den staunenden Zuschauern schwebte die Dame über den Staakener Flugplatz und erreichte auch wohlbehalten den Boden. Jedoch landete sie hinter den Hallen auf dem Bahndamm der am Flugplatz vorbeiführen-

Hochbetrieb herrschte in der Staakener Motorenwerkstatt der *Luft Hansa*.

den Eisenbahnlinie und wäre um Haaresbreite von einem heransausenden Zug erfaßt worden. Ein Omen schon in der damaligen Pionierzeit für die auch heute noch geltende Tatsache, daß der Weg zum oder vom Flugplatz meist gefährlicher ist als das Fliegen selbst.

Mit dem Ausbau Tempelhofs ging die Bedeutung Staakens als Verkehrsflugplatz zurück. Doch als Trainings- und Wartungsbasis waren die Anlagen dafür um so gefragter. Die Fluggesellschaften richteten umfangreiche Werftanlagen ein, und es entstanden verschiedene Ausbildungsstätten für Piloten, darunter die *Deutsche Verkehrsfliegerschule* und die *Flugsportschule*.

Der *Kyffhäuser* beschrieb im April 1926 den Werdegang des Pilotennachwuchses. Interessenten mußten sich zunächst bei der *Sportflug GmbH* melden, deren Zentrale sich in der Schöneberger Geisbergstraße befand. Wer nach persönlichem Eindruck und ärztlicher Untersuchung angenommen wurde, kam zur theoretischen Ausbildung zunächst nach Stettin. Das Flugtraining erfolgte dann entweder in Magdeburg oder in Staaken.

Wer so den Pilotenschein »A« erwarb, der zum Steuern von Flugzeugen mit maximal 1200 Kilogramm Eigengewicht und einer Höchstgeschwindigkeit von 150 Stundenkilometern berechtigte, konnte sich in Staaken bei der *Deutschen Verkehrsfliegerschule* zur Ausbildung als Verkehrspilot bewerben. Nur diese Institution hatte die Berechtigung zur Abnahme der Prüfung für den Schein *B*, der alleine zum Steuern von Flugzeugen im gewerblichen Verkehr berechtigte. Bis er erreicht war, mußten die Kandidaten rund zwei Jahre *büffeln*. Piloten im Langstreckeneinsatz mußten zusätzlich noch die Scheine *C* und *D* erwerben.

Die Ausbildungskosten mußten anteilmäßig in Höhe von rund 5000 Mark von den Anwärtern selbst getragen werden. Allerdings bestand die Möglichkeit, diesen Betrag zur späteren Abzahlung zu stunden. Bevor Kandidaten angenommen wurden, mußten sie sich einer umfangreichen praktischen und theoretischen Eignungsprüfung unterziehen, die von erfahrenen Verkehrspiloten abgenommen wurde.

Die *Deutsche Verkehrsfliegerschule* war in fünf Abteilungen gegliedert: Verwaltung, Fliegerschule, Übungsstrecke, Wartung mit Flugzeugwartschule und Funkschule. Ausgebildet wurden die angehenden Verkehrsflieger in den vier Sparten Praktisches Fliegen, Praktische Arbeiten an Flugzeugen, die Verkehrsluftfahrt betreffende wissenschaftliche Fächer und Funkdienst. Das praktische Training erfolgte auf der Übungsstrecke Berlin – Hamburg – Bremen. Zum Sammeln von Erfahrungen im echten Linienbetrieb wurden die Schüler noch während ihrer Ausbildungszeit den Luftverkehrsunternehmen als zweite Flugzeugführer zugeteilt.

Anwärter für den Beruf des Flugzeugwartes mußten eine Gesellenprüfung als Motorenschlosser, Klempner oder Feinmechaniker bestanden haben. Nach einjähriger Ausbildungszeit konnten sie dann die Prüfung als Flugzeugwart in einem Spezialgebiet ablegen, nach zwei Jahren praktischer Tätigkeit dann die Prüfung zum ersten Flugzeugwart für alle Flugzeugtypen. Wer sich besonders bewährte, konnte weiter zum Bordmechaniker geschult werden und bei entsprechender Befähigung ebenfalls zum Flugzeugführerberuf kommen.

Mitte der zwanziger Jahre war die *Deutsche Verkehrsfliegerschule* in Staaken darauf eingerichtet, etwa 45 Flugzeugführer und 35 Flugzeugwarte jährlich auszubilden. Das lag etwas über dem Bedarf der Luftfahrtgesellschaften, doch sollten diese Gelegenheit zur Auswahl erhalten, und außerdem wurden normale Abgänge einkalkuliert.

Angesichts der schlechten Finanzlage der *Deutschen Aero Lloyd AG* und der *Junkers Luftverkehr AG* strich die Reichsregierung Ende 1925 die Subventionen und erzwang so den Zusammenschluß der beiden Unternehmen zur *Deutschen Luft Hansa AG* (so die damalige Schreibweise). Am 6. Januar 1926 wurde das neue Unternehmen mit einem vorläufigen Kapital von 50 000 Reichsmark gegründet, am 6. April erfolgte die Aufnahme des Flugbetriebes auf zunächst sieben Routen. Binnen weniger Wochen wurde das Streckennetz auf insgesamt 72 Städte im In- und Ausland ausgedehnt.

In Staaken übernahm die *Luft Hansa* praktisch nahtlos die Werftanlagen der dort ansässigen *Aero Lloyd*. Die Räumlichkeiten wurden umfangreich ausgebaut, und so entstand hier eines der modernsten Wartungszentren der jungen Luftfahrt. Die Einrichtungen mußten ständig erweitert werden, denn bereits am 1. Januar 1929 umfaßte der Bestand des Unternehmens rund 170 Flugzeuge und etwa 660 Motoren.

In den Werftanlagen wurden die Flugzeuge der aufstrebenden Luftverkehrsgesellschaft gewartet.

Für rund 30 verschiedene Flugzeugtypen wurden in Staaken alle möglichen Ersatzteile aufbewahrt, von der kleinsten Schraube bis zum Austauschmotor. Insgesamt lagerten hier rund 40 000 Einzelteile. Besondere Probleme bereitete die Anlieferung von Ersatzpropellern. Zwar führte die Eisenbahnstrecke direkt am Flugplatz vorbei, doch mangelte es an geeigneten Waggons für den Transport derartiger Objekte.

Trotz der Konzentration des Passagierverkehrs auf dem neuen Flughafen Tempelhof herrschte in Staaken aufgrund der Ausbildungs- und Wartungsaktivitäten ein reger Flugbetrieb. So erfolgten im Sommerhalbjahr 1928 (1. April bis 30. September) insgesamt 40 904 Starts und Landungen. Sie teilten sich auf in 2624 Schulüberlandflüge und 38 280 Platzschul-, Werkstattprobe- und Versuchsflüge. Davon wurden 454 Starts und Landungen bei Nacht ausgeführt. Stolz wurde im Protokoll vermerkt, daß es in diesem Sommerhalbjahr nur zwölf *Brüche* in Staaken gab, bei denen niemand verletzt wurde.

Überholung einer *Rohrbach Roland I* in der Staakener Montagehalle.

1929 erwarb die Stadt Berlin die Anlagen einschließlich der Hallen mit einer Flächengröße von über 300 Hektar für 8,5 Millionen Mark von der *Luftschiffbau Zeppelin GmbH* und gab sie in die Verwaltung der *Berliner Flughafen Gesellschaft*. Dabei dachten die Stadtväter aber weniger an den aufstrebenden Flugzeugverkehr als an die Zukunft der Luftschiffe.

Angesichts des Überführungsfluges des *LZ 126* nach Amerika im Jahre 1924 und des Weltfluges des *LZ 127 Graf Zeppelin* 1929 träumte man von einem weltumspannenden Langstreckennetz und hoffte, dabei Staaken zu einem der Knotenpunkte zu machen. »Durch die Amerika-Fahrt des

Luftschiffs *Graf Zeppelin* ist bewiesen, daß für Transozeanfahrten und für die ganz großen Fernlinien über Land das Luftschiff das geeignetste und aussichtsreichste Schnellverkehrsmittel ist«, hieß es in einer Vorlage des Berliner Magistrats an die Stadtverordnetenversammlung.

Während sich rundherum die aufstrebende Luftfahrtindustrie angesiedelt hatte, ging in der alten Luftschiffhalle der Filmbetrieb weiter. 1930 zog hier die *Tobis* ein, und das Zeitalter der Tonfilme begann. Daraus ergaben sich besondere Probleme, denn für die Tonaufnahmen wurde natürlich absolute Ruhe benötigt, und der Flugbetrieb war auch damals mit Geräusch verbunden.

In der Ausgabe vom Oktober 1930 druckte die Redaktion der *Luft-Hansa*-Firmenzeitung *Der Flugkapitän* eine Mitteilung der Flughafen-Gesellschaft ab. Unter Hinweis auf die Polizeiverordnung über den Betrieb und den Verkehr auf den Flughäfen Tempelhof und Staaken wurde darum gebeten, die Hallen nur im Notfalle zu überfliegen und sonst möglichst einen Abstand von mindestens 500 Metern einzuhalten, wenn Tonfilmaufnahmen gedreht werden.

»Die Aufnahmen, die immer nur kurze Zeit in Anspruch nehmen, werden vorläufig durch das blinkende Neonfeuer auf dem Westgiebel der großen Halle und durch Winken mit einer rotweißen Flagge an der gleichen Stelle angezeigt«, hieß es in der Mitteilung, »Da es bei der heutigen Wirtschaftslage nicht möglich ist, den Flughafen Staaken aus den Luftfahrt-Einnahmen zu erhalten, ist es notwendig, daß wir uns andere Einnahmequellen schaffen. Eine Ausnutzung der großen Luftschiffhallen ist jedoch trotz aller anderen Versuche bisher nur durch den Tonfilm möglich. Wir wären Ihnen ganz besonders dankbar, wenn Sie uns dabei unterstützen würden, in den Luftschiffhallen einwandfreie Tonfilmaufnahmen zu ermöglichen. Sie helfen damit, den Flughafen Berlin-Staaken der deutschen Luftfahrt zu erhalten.«

Das Schreiben sollte dem fliegenden Personal mit dem Hinweis zur Kenntnis gebracht werden, *daß durch Überfliegen der Hallen während der Tonfilmaufnahmen erhebliche Werte zerstört werden.*

KAPITEL 6

Noch einmal: Zeppeline in Staaken

Während sich im Kurzstreckenverkehr die Flugzeuge durchsetzten, glaubte man Ende der 20er Jahre noch, daß die Luftschiffe das ideale Verkehrsmittel für längere Routen seien. So entstand 1928 in Friedrichshafen das größte bis zu diesem Zeitpunkt gebaute Luftschiff, das *LZ 127*, das am 8. Juli auf den Namen *Graf Zeppelin* getauft wurde. Am 18. September erfolgte die Jungfernfahrt, und bereits knapp zwei Monate später startete der Gigant nach einer Amerika-Fahrt zu seiner ersten Reise nach Staaken.

Der Besuch wurde bei einer Unterredung zwischen Reichsverkehrsminister von Guerard und Zeppelin-Chef Hugo Eckener vereinbart. »Die zuständigen Behörden haben bereits alle Vorbereitungen für den Empfang auf dem Flugplatz in Staaken getroffen«, meldete das *VOLKSBLATT* am 3. November 1928. »Noch vor wenigen Tagen hatte die städtische Hafenbaupolizei vor der Inbetriebnahme des auf dem Flugfelde errichteten Ankermastes, der erstmalig bei der Landung des *Graf Zeppelin* Verwendung finden soll, eine baupolizeiliche Abnahme vorgeschrieben. Inzwischen hat sich aber herausgestellt, daß der Ankermast auf fiskalischem Gelände errichtet worden ist und nicht mehr zu Berlin rechnet, so daß dafür der Regierungspräsident von Potsdam zuständig ist.« Da es sich aber um den ersten derartigen Ankermast in Deutschland handelte und der Polizei selbst die Erfahrungen fehlten, beschränkte man sich schließlich darauf, Material und Konstruktionspläne zu prüfen.

Die Landung in Staaken, die mit dem Flugplatzdirektor Wehner abgesprochen wurde, erfolgte als Veranstaltung der *Luftschiffbau Zeppelin GmbH*, die von den wiederum in Massen erwarteten Besuchern ein Eintrittsgeld von einer Mark verlangte. Die Schutzpolizei setzte eine große Alarmstufe fest, um den Verkehr auf den Staakener Zufahrtsstraßen einigermaßen glatt zu regeln und auf dem Flugplatz umfangreiche Absperrungen vorzunehmen.

Luftschiff *Graf Zeppelin* neben dem Ankermast, der 1928 in Staaken errichtet wurde.

»Die Berliner Reise hängt aber zunächst davon ab, daß eine einigermaßen günstige Wetterlage vorhanden ist, damit das Schiff ruhig am Ankermast liegen kann« berichtete das *VOLKSBLATT*. »Gestern wurde an der hinteren Motorengondel bereits der zweirädrige Laufwagen ausprobiert, der bekanntlich in Staaken bei der Befestigung am Ankermast Verwendung finden soll und auf dem der hintere Teil des Schiffes herumschwenken kann.«

Am Montag, dem 5. November 1928, war dann der große Tag gekommen. Die Schulen schlossen, um der Jugend den Besuch auf dem Flugplatz zu ermöglichen. Vom damaligen Reichskanzlerplatz wurden Sonderbusse eingesetzt, vom Lehrter Bahnhof rollten Extrazüge nach Staaken. Trotz schlechter Witterung traf *Graf Zeppelin* dort bereits gegen 8.45 Uhr ein, drehte eine große Runde über dem Berliner Stadtgebiet und kehrte dann an den Rand der Havelstadt zurück.

Während am Boden Tausende von Menschen neugierig warteten, drehte das *LZ 127* wegen der ungünstigen Windverhältnisse zunächst noch einmal nach Spandau ab, bevor es gegen 9.45 Uhr endgültig zur Landung ansetzte. Nachdem die von der Polizei gestellten Haltemannschaften die abgeworfenen Taue ergriffen hatten, dauerte es noch fast

Ludwig Dürr (links) und Hugo Eckener (rechts) wurden am 5. November 1928 mit Reichspräsident von Hindenburg begeistert gefeiert.

eine Stunde, bis das Luftschiff zum Ankermast manövriert und festgemacht worden war.« »Viel Heiterkeit erregte es, wenn das Luftschiff sich von Zeit zu Zeit ein wenig erhob und die Haltemannschaft dann an den Tauen zwischen Himmel und Erde schwebte« berichtete das *VOLKSBLATT*.

Trotz Absperrung und Einzäunung des Landeplatzes gab es für die Besucher schließlich kein Halten mehr. »Durch die Wucht der nachdrängenden Massen gaben die Umzäunungen nach, und in Nu war das Feld besetzt«, meldete das *VOLKSBLATT*. »Die Polizei hatte alle Mühe, das Publikum wenigstens aus der Gefahrenzone fernzuhalten.«

Der Besatzung, angeführt von Hugo Eckener und dem Erbauer des *LZ 127*, dem Zeppelin-Chefkonstrukteur Ludwig Dürr, wurde ein begeisterter Empfang bereitet. Ebenfalls an Bord waren der Konstrukteur der Motoren des Luftschiffes, Wilhelm Maybach, Generaldirektor Alfred Colsmann und der Zeppelin-Meteorologe Dr. Lemperts. Nach der Landung ging es per Auto nach Berlin zu einem Empfang durch den Reichspräsidenten, Generalfeldmarschall Paul von Hindenburg. »Mit der Hälfte der Besatzung, soweit sie in dem am Mast liegenden Schiff entbehrt werden konnte, fuhr ich in einigen Autos zum Palais des Reichsprä-

Im Speisesaal des LZ 127 fanden 16 Personen Platz, die an vier Tischen wie im Luxusrestaurant dinieren konnten.

sidenten«, erinnerte sich der 1954 verstorbene Eckener in dem Buch *Im Luftschiff über Länder und Meere*. »Unterwegs wurde unsere Wagenkolonne von der Bevölkerung lebhaft begrüßt. Vor dem Palais warteten Zehntausende und bereiteten der Besatzung stürmische Ovationen.« Hindenburg ließ sich alle Besatzungsmitglieder vorstellen und trat dann mit Hugo Eckener und Ludwig Dürr nach stürmischen Rufen der Menschenmassen auf den Balkon hinaus. Nach dem Empfang bezog die Zeppelin-Crew im Hotel Kaiserhof Quartier. Am Abend gab es ein Bankett auf Einladung der Regierung.

Indessen strömten die Berliner weiter zu Hunderttausenden nach Staaken, um das Riesen-Luftschiff zu begutachten. Dabei war es gar nicht so einfach, überhaupt bis zum Flugplatz zu gelangen. »Wer nicht gleich bis zum Hafenplatz zurückging und dort den Sturm auf einen leer zurückkommenden Autobus eröffnete, sah mit zunehmendem Zorn, wie die vollbesetzten Wagen jede am Wege liegende Haltestelle ignorierten und mit hohem Tempo vorbeisausten«, schilderte ein *VOLKSBLATT*-Mitarbeiter seine Erlebnisse. »Endlich glückte es, an der Hamburger Straße einen Wagen zu erwischen, der von Staaken kam, erst nach Pichelsdorf fuhr und dann, neu eingesetzt, mit tausend anderen Autos über die Heerstraße zum Flugplatz gondelte.«

Schiff oder Flugzeug? Ein Blick in den Führerraum des Graf Zeppelin.

»Die Fahrt ging bis dicht an das Dorf heran. Und dann kam der endlose Weg, der von der Bahnhofstraße abzweigt und an der Zeppelinhalle vorbei zu den Eingangstoren führte«, schrieb der Reporter. »Gedränge an den Kassen. Schieben und Drücken an den schmalen Durchlaßpforten. Hunderte von Händlern, die warme Würstchen, Zeppelinabzeichen, Postkarten und Bananen verkauften.«

War für die Anfahrt nach Staaken ausschließlich die Heerstraße vorgesehen, wurde für die Rückfahrt nach Spandau und Berlin auch die Strecke durch den Ort Staaken und dann weiter über die Berliner oder Hamburger Straße in Richtung Spandau-West freigegeben. Gesperrt blieben die Bahnhofstraße sowie der vom Bahnhof Staaken an der Lehrter Straße entlangführende Weg nach Neu-Seegefeld.

Rund 500 000 Menschen pilgerten an diesem Montag nach Staaken. Ein Häufchen Unentwegter, vielleicht 2000 oder 3000 Leute, harrte die ganze Nacht aus, um den Start nicht zu verpassen. Gegen sieben Uhr startete *Graf Zeppelin* wieder in Richtung Friedrichshafen.

Der zweite Besuch des *LZ 127* in Staaken erfolgte im Rahmen einer Deutschlandfahrt am Sonntag, dem 22. Juni 1930.

Graf Zeppelin blieb diesmal für zwei *Zeppelintage* anläßlich der Weltkraftkonferenz in Berlin.

»Die Zugangswege zum Staakener Flugplatz erinnerten am Sonntag in aller Frühe an den Eingang zu einem Rummelplatz«, meldete das *VOLKSBLATT* am 23. Juni 1930. »Von der Würstchenbude über den Ansichtspostkartenverkäufer bis zum Bandoneonmusikanten war alles da.« Um das abgezäunte Flugfeld herum standen, saßen und lagen an die 50 000 Menschen, die die Landung miterleben wollten. Über Lautsprecher wurden Rundfunkmusik und das Konzert einer auf dem Flugplatz stationierten Militärkapelle übertragen.

Um sieben Uhr überflog *Graf Zeppelin* dann den Staakener Flugplatz und setzte nach einer großen Schleife zur Landung an. Bei absoluter Windstille hatte die aus Schutzpolizisten bestehende Haltemannschaft schnell die Taue gepackt und in wenigen Minuten an den Mast herangeschleppt. Nach der Begrüßung durch Bürgermeister Scholtz fuhr Hugo Eckener in einem Wagen eine Ehrenrunde und wurde von den Besuchern begeistert beklatscht.

Diesmal fanden auch mehrere Flüge statt. Die erste Fahrt führte nach Hamburg, wo es zu einem nicht einkalkulierten Zwischenfall kam. Infolge großer Hitze stieg das Luftschiff mit dem Heck voran fast senkrecht in die Luft. Die Haltemannschaften konnten *LZ 127* nicht mehr am Boden halten, und Kapitän Flemming, der sich als einziger Führer an Bord befand, mußte die Motoren anlassen. Da der Ballast für eine weitere Landung nicht ausreichte, mußte *Graf Zeppelin* ohne die 25 Passagiere, die ihr Fahrgeld zurückerhielten, die Rückreise nach Staaken antreten. Dort traf dann mit dem Luftschiff ein anderer Fluggast ein: Ein Hamburger Schutzpolizist, der zur Haltemannschaft gehört hatte, bei dem ungeplanten Start mit in die Luft gerissen wurde und sich an Bord retten konnte.

Am Montag, dem 23. Juni, standen neben einer Ostseefahrt zwei Rundflüge über Berlin auf dem Programm. Dafür mußten in sechs Stunden rund 7000 Kubikmeter Wasserstoffgas nachgefüllt werden. Zu den 38 Passagieren der ersten Berlin-Rundfahrt gehörten Bürgermeister Scholtz, Graf Zeppelin junior, die Schauspieler Paul Morgan und Max Hansen, drei Vertreter des Reichsverkehrsministeriums, Oberbaurat Sauerheim vom Staakener Flughafen und sechs Teilnehmer der Weltkraftkonferenz.

Wer unter den zigtausenden Zuschauern in Staaken schlau sein wollte, der mietete sich für 50 Pfennige eine zusammenklappbare Bank, die von einer *Deutschen Bestuhlungsgesellschaft* angeboten wurde. Die Schreckens-

Die *Junkers G 38 D 2000* kam 1930 zum Treffen der Giganten.

schreie vieler Zeppelin-Fans ließen auf eine Fehlkonstruktion deuten: Zahlreiche Bänke klappten während der Benutzung zusammen.

An diesem Montag kam es in Staaken auch zu einem Treffen der Giganten: Neben dem *Graf Zeppelin* mit 237 Metern Länge und einem Durchmesser von maximal 30,5 Metern nahm sich die viermotorige *Junkers G 38*, das erste *Jumbo*-Flugzeug der Welt mit einer Länge von 23,20 Metern und einer Spannweite von 44 Metern, eher bescheiden aus.

Im November 1929 war die 24 Tonnen schwere Maschine in Dessau zum Erstflug gestartet. Der Besuch der D-2000, wie der erste *Jumbo* nach seiner Zulassung genannt wurde, in Staaken erfolgte im Rahmen der Erprobung. Der Linieneinsatz auf Strecken der *Luft Hansa* begann erst im Frühjahr 1931 nach Erteilung der Musterzulassung. Bis 1939 blieb die *G 38* das größte Landflugzeug der Welt.

»Es brummt in den Ohren«, berichtete ein *VOLKSBLATT*-Reporter. »Aber diesmal ist es nicht der Zeppelin, sondern das riesige Junkersflugzeug *D 2000*, das wie ein fliegender Zitterrochen breit und massig durch die Luft segelt, von drei anderen Flugzeugen umspielt wie von Spatzen. Trotz seiner Schwere landet der Koloß leicht auf dem Rollfeld.«

So wie auf dieser zeitgenössischen Zeichnung ruhte die hintere Motorgondel der Luftschiffe in Staaken auf dem Schienenwagen.

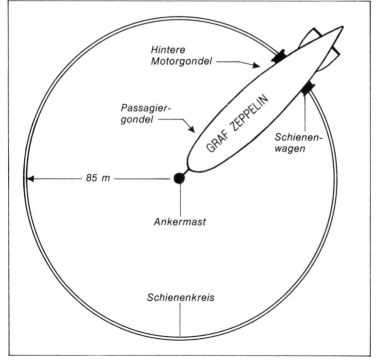

Skizze der Schienenbahn, die das Luftschiff am Landeplatz beweglich machte.

Erstmals bestand anläßlich der Zeppelintage die Möglichkeit, in Staaken Post für das Luftschiff aufzugeben. Zugelassen waren *vollständig freigemachte gewöhnliche Postkarten und Briefe bis 20 Gramm nach einem beliebigen Bestimmungsort*. Alle Sendungen mußten den auffälligen Vermerk *Mit Luftschiff Graf Zeppelin* tragen.

Schon damals lockten Großveranstaltungen neben den interessierten Besuchern auch Langfinger an. So meldete das *VOLKSBLATT*, daß dem Bankbeamten Heinz W. aus Wilmersdorf im Staakener Postamt ein Fernglas im Werte von 150 Mark aus der Jackettasche entwendet wurde. Der Kaufmann Erich Sch. aus der Adalbertstraße büßte einen Fotoapparat ein, den er im Auto liegengelassen hatte. Auf frischer Tat konnte bei einem Taschendiebstahl der 24jährige arbeitslose Fräser Walter L. festgenommen werden.

Der nächste Besuch des *Graf Zeppelin* in Staaken erfolgte am 13. Mai 1931. Bei der Landung wurde erstmals die sogenannte *Schienenbahn* gestestet.

Das Prinzip war einleuchtend: Während die Spitze des Luftschiffes am Ankermast befestigt wurde, ruhte die hintere Maschinengondel auf einem Spezialwagen, der auf einer doppelten Kreisschiene bewegt werden konnte. Der rund einen Kilometer lange Schienenkreis hatte, mit dem Ankermast als Mittelpunkt, einen Durchmesser von 170 Metern. Mit Hilfe dieser Anlage konnte das Luftschiff je nach Windrichtung in die günstigste Lage bewegt werden.

Nach einer Nachmittagsfahrt zur Ostseeküste, an der auch Berlins Oberbürgermeister Dr. Sahm teilnahm, machte *Graf Zeppelin* auf dem Flughafen Tempelhof Station, wo unter den Restaurationsgästen Freikarten für den rund einstündigen Weiterflug nach Staaken verteilt worden waren. Die Landeversuche in Staaken und Tempelhof, so meldete die *Spandauer Zeitung*, dienten der Erprobung besonderer Landevorrichtungen, wie sie für die bevorstehende Südamerikafahrt benötigt wurden.

Doch zunächst ging es für das *LZ 127* in den hohen Norden. Eine Arktisfahrt sollte der Erforschung des Polargebietes dienen. Zur Finanzierung schloß Dr. Eckener, der nach dem Tode des Polarforschers Fridtjof Nansen zum Präsidenten der Luft-Polarforschungsgesellschaft *Aeroarctic* gewählt worden war, einen Vertrag mit dem US-Zeitungsgiganten Hearst ab. Dieser wollte 150 000 Dollar zahlen, wenn es gelingen würde, am Nordpol Post und Passagiere mit einem U-Boot auszutauschen. Das Geld blieb aus, da das U-Boot aufgrund technischer Probleme das Polargebiet nicht rechtzeitig erreichte. Die Expedition wurde trotzdem zu Ende geführt.

Dr. Eckener und der russische Professor Samoilowitsch leiteten das Unternehmen. Der Start war am 24. Juli 1931 in Friedrichshafen erfolgt. Eine Zwischenlandung in Staaken am gleichen Tag auf dem Weg nach Leningrad war erforderlich, da das Luftschiff im rund 400 Meter hoch gelegenen Friedrichshafen nicht genügend Auftrieb hatte, um die volle Zuladung und ausreichend Betriebsmittel an Bord zu nehmen. Immerhin mußten für jeden der 46 Teilnehmer der Expedition 110 Kilogramm Gepäck kalkuliert werden, vom Schlitten über den Dauerproviant bis hin zu Schlafsack und Angelzeug. In Staaken hatte *Graf Zeppelin* rund 4000 Kilogramm mehr Auftrieb.

Es wurden mehrere Runden über dem Berliner Stadtgebiet geflogen. Vor der Landung in Staaken warf die Besatzung dann per Fallschirm sogenannte *Spinnen* ab, die an den Halteseilen befestigt wurden und es einer größeren Anzahl von Hilfskräften ermöglichten, das Luftschiff am Boden zu halten. Die Crew, die bereits ihre graubraune Polarausrüstung trug, wurde von Oberbürgermeister Dr. Sahm begrüßt und startete am Morgen des 25. Juli zum Weiterflug.

Im August 1931 begann der erfolgreiche Einsatz des *LZ 127* auf regelmäßigen Fahrten zwischen Friedrichshafen und Südamerika. Fünf Jahre später wurde mit dem noch wesentlich größeren Luftschiff *LZ 129 Hindenburg* der planmäßige Luftverkehr über den Nordatlantik in die USA aufgenommen. Dann kam die Katastrophe: Am 6. Mai 1937 ging die *Hindenburg* bei der Landung in Lakehurst in Flammen auf. Der Betrieb mit wasserstoffgefüllten Luftschiffen wurde daraufhin aus Sicherheitsgründen eingestellt. Das letzte Zeppelin-Luftschiff, *LZ 130 Graf Zeppelin*, wurde zwar noch fertiggestellt, doch blieben die erhofften Lieferungen des sicheren Helium-Gases aus den USA aus, da man dort befürchtete, Hitler wolle es für Kriegszwecke verwenden. Ende der 30er Jahre wurden die Luftschiffe abgewrackt.

KAPITEL 7

Die *Luft-Hansa*-Werkstatt wird ausgebaut

Bereits in den 20er Jahren hatte die *Luft Hansa* damit begonnen, den seinerzeit noch sehr witterungsabhängigen Luftverkehr auf eine stabilere Basis zu setzen. Zunächst wurden sogenannte Nachtflugstrecken, durch Lichtsignale gekennzeichnet, eingerichtet. Den nächsten Schritt stellte dann der Übergang von der Sicht- zur Instrumentenfliegerei dar. Das Ausbildungszentrum für die Piloten befand sich auf dem Flugplatz Staaken.

Treibende Kraft der Neuerungen war der damalige Flugbetriebsleiter der *Luft Hansa*, Carl August Freiherr von Gablenz. Zum Training der Blindflüge, bei denen sich die Piloten ohne Sicht nach außen nur nach den Instrumenten im Cockpit orientieren, wurde in Staaken im Jahre 1927 bei einer alten, einmotorigen *Junkers W 33* der Sitz des zweiten Flugzeugführers mit einer Art Verschlag zugebaut. Dieser verfügte über kleine Fenster, die mit Gardinen verschlossen werden konnten. Der Blindfluglehrer saß im Freien auf dem Platz des ersten Flugzeugführers (die *W 33* hatte noch eine offene Pilotenkanzel).

Für die Piloten, die bisher daran gewöhnt waren, sich durch den Blick auf die untenliegende Landschaft zu orientieren, galt es jetzt umzudenken. Sie mußten sich nunmehr auf die Beobachtung verschiedener Instrumente wie Kompaß, Höhenmesser, Wendezeiger und Geschwindigkeitsanzeiger konzentrieren. Gleichzeitig mußten die über Funk eingehenden Wetterberichte in bezug auf die Flugroute ausgewertet werden.

Selbst erfahrene Fluglehrer in Staaken räumten damals ein, daß die Umstellung auf den Instrumentenflugbetrieb mindestens so schwierig wie das Lernen des Fliegens überhaupt war. Nachdem die Schulung anfangs noch freiwillig war, wurde sie im Winterhalbjahr 1929/30 zur Pflicht. Das zog eine Pressekampagne gegen von Gablenz nach sich, dem der Einsatz unerfahrener Piloten und die Verursachung von Unglücksfällen vorgeworfen wurde. Diese Vor-

Links: Für das Blindflugtrainung wurde der rechte Sitz einer *Junkers W 33* zugebaut.

Rechts: In speziellen Kabinen wurden die *Luft-Hansa*-Piloten für den Blindflug geschult.

Rechts außen: Am Zielfluggerät wurde während eines Kurses für Funker und Funkermaschinisten geübt.

würfe wurden vom Reichsverkehrsministerium entkräftet. Die Entwicklung war nicht aufzuhalten.

Die Instrumentenfliegerei setzte sich indessen durch und wurde fortlaufend verbessert. Nicht nur die Piloten mußten umdenken, auch die Funker und Funkermaschinisten wurden einem speziellen Training unterzogen. Und auch die ersten Flugzeugsimulatoren tauchten auf. In speziellen Kabinen, die Cockpit-Nachbauten enthielten, wurde mit der damals noch spärlichen Instrumentierung der Blindflug geprobt.

Das System wurde immer weiter ausgebaut, und bald waren es nicht nur die Lufthanseaten, die in Staaken den Instrumentenflug übten. Auch ausländische Fluggesellschaften schickten ihre Besatzungen zum Training nach Berlin. Mit dem Instrumentenflug alleine war es aber nicht getan, denn auch eine sichere Landemöglichkeit bei schlechter Sicht war natürlich Voraussetzung für einen derartigen Betrieb. So wurden spezielle Verfahren entwickelt, um die Piloten mit gefunkten Peilzeichen auch bei tiefhängenden Wolken auf die Landebahn zu lotsen. Bei der *Luft Hansa* konnte man mit Hilfe der neuen Techniken die Zahl der Flugbetriebsstunden von 8000 im Jahre 1927 auf 38 000 im Jahre 1931 steigern.

 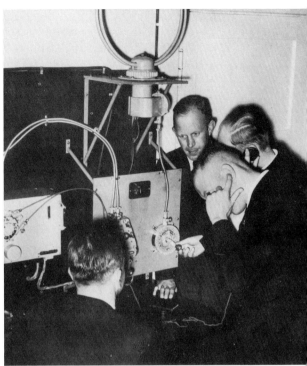

»Wir können heute überblicken, daß die Vertreter des Gedankens der systematischen Blindflugschulung recht behalten haben«, schrieb Freiherr von Gablenz zurückblickend im Jahre 1941 in einer Mitteilung der *Deutschen Akademie der Luftfahrtforschung*. »Es ist den geschulten Flugzeugführern heute durchaus möglich, Flüge unter schwierigsten Wetterbedingungen, angefangen beim Blindstart und aufgehört mit einer Schlechtwetterlandung, durchzuführen.« Die Zeiten, die den Flugbetrieb auf Schönwetterperioden beschränkten, waren vorbei.

1932 kam der Flugplatz Staaken noch einmal zu einer außergewöhnlichen Aufwertung. Die *Berliner Flughafen-Gesellschaft* vermietete den Tempelhofer Flughafen für eine Kundgebung an den Stahlhelm-Bund, der ab 1929 mit den Nationalsozialisten und den Deutschnationalen zur *Nationalen Opposition* zählte und dessen wehrfähige Mitglieder 1933 in die *SA* eingegliedert wurden. Für diesen einen Tag wurde noch einmal der gesamte Berliner Linienflugbetrieb in Staaken abgewickelt. Den Andrang dort kann man sich vorstellen, immerhin umfaßte das *Luft-Hansa*-Streckennetz ab Berlin bereits 1931 schon 48 Städte, von London bis Moskau und von Oslo bis Barcelona. Entsprechend war das Passagieraufkommen.

Im Juni 1933 wurde die Schreibweise des Firmennamens auf Beschluß der Generalversammlung in *Lufthansa* geändert.

Im Frühjahr 1933 wurde in Staaken ein neuer, vielbeachteter Flugzeugtyp getestet, die *Heinkel He 70 Blitz*, die als Schnellverkehrsflugzeug konstruiert worden war. Diese erste *Lufthansa*-Maschine mit einziehbarem Fahrwerk war zwölf Meter lang und hatte 14,80 Meter Spannweite. Mit ihr wurden die Geschwindigkeitsrekorde gleich am laufenden Band gebrochen. Bei einem Zulassungsflug am 26. April wurden 377 Stundenkilometer erreicht. Das geht aus dem am 3. Mai verfaßten Bericht von Prüfleiter Seydel und Prüfer Hellmut Herb, beide vom Reichsamt für Flugsicherung, hervor. Am 15. Juni 1934 wurde mit dem *Blitz*, der nur vier Passagieren Platz bot, zunächst versuchsweise ein *Blitz-Streckennetz* eröffnet, das Berlin mit Hamburg, Köln und Frankfurt verband und ein Jahr später bereits auf elf Routen ausgedehnt wurde.

Während die Zeit der Zeppelin-Besuche in Staaken Anfang der 30er Jahre vorbei war, konzentrierte man sich bei der *Lufthansa* auf den Ausbau der dortigen Flugzeugwerkstätten. Dabei wurde besonderes Augenmerk auf die Sanierung der zum Teil bereits überalterten Bauten gelegt.

Vom 1. September 1933 an zahlte die *Lufthansa* für ihre Staakener Anlagen eine jährliche Festmiete von 81105 Reichsmark anstelle der vorher festgesetzten Staffelmiete. Im Bericht zur Jahresrechnung 1932 wurden folgende Einrichtungen als *Baulichkeiten auf fremden Grundstücken* aufgeführt: Die Motoren-Bremsstände 1–7, Lackierraum, Heizgebäude, Leuchtmunitionslager, Motorenlager, Pförtnerhaus, Schrottlager, Feuerwehrschuppen, drei Flächenschuppen, ein Büroanbau, Duralbad und ein Farbenkeller. Der Bestandswert dieser Anlagen per 31. Dezember 1932 wurde mit 147 836,20 Reichsmark angegeben.

Besonderen Kummer bereiteten den Lufthanseaten die Flugzeughallen II und III, die wegen ihrer Baufälligkeit den Betrieb immer mehr beeinträchtigten. So wurde bereits 1933 mit dem Bau der neuen Halle I begonnen, der sich jedoch immer wieder verzögerte. »Mitte des Jahres 1934 trat eine Verzögerung in dem Hallenbau ein, der durch nicht rechtzeitige Bereitstellung der für den Bau erforderlichen Mittel hervorgerufen war«, heißt es im Bericht der Werkstättenleitung für das Geschäftsjahr 1934. »Aufgrund nachdrücklicher Vorstellungen bei dem Bauherrn wurde endlich im Herbst 1934 die Arbeit an dem Bau wiederaufgenommen, so daß im März 1935 die Halle in Benutzung genommen werden kann. Die neue Werkstatthalle ist, wie bereits im Jahresbericht für 1933 ausgeführt wurde, unter

Die *Heinkel He 111* galt in ihrer Zeit als *Schnellverkehrsflugzeug*. Immerhin hatte sie eine Höchstgeschwindigkeit von 245 Stundenkilometern.

Mit der *Heinkel He 70 Blitz* wurde in Staaken ein Geschwindigkeitsrekord aufgestellt: Die Maschine erreichte 377 Stundenkilometer.

Berücksichtigung unserer Richtlinien und Erfahrungen erbaut und dürfte sich in der Praxis gut bewähren.«

Nach Fertigstellung der neuen Halle zog nach einem festgelegten Plan auch die letzte Verwaltungsabteilung der Werkstätten, die Hauptmaterialverwaltung, in das sogenannte *Werk II* um, womit die Werkstätten dann geschlossen untergebracht waren. Durch den Neubau konnte der Motoren-Abteilung und dem Lager mehr Raum zugebilligt werden.

»Der massive Hallenfußboden der Werkstatthalle I wird gegenüber dem häufig morschen Fußboden der Hallen II und III, das befestigte Hallenvorfeld gegenüber dem zumeist aufgewühlten, unbefestigten Vorfeld vor den Hallen II und III, die mechanisch zu betätigenden Schiebefalttore werden gegenüber den unförmigen Toren der Hallen II

Organisationsplan der Werkstätten

- VORSTAND
  - Werkstättenleitung
    - Motorenabteilung
      - Teil-Reparatur
      - Montage
      - Bremsstände
    - Zellenabteilung
      - Teilschlosserei Dreherei
      - Duralwerkstatt
      - Klempnerei Kupferschmiede
      - Tischlerei
      - Sattlerei
      - Malerei
      - Montage
    - Instrumentenabteilung
      - Reparatur-Werkstatt
      - Prüffeld
    - Buchhaltung
      - Betriebsbuchhaltung
      - Lohnbüro Kasse
      - Registratur Telefon-Zentrale
    - Hauptamtliche Verwaltung
      - Materialverw. Flugbetrieb
      - Materialverw. Zentrallager
      - Inventarverwaltung
      - Warenannahme
      - Zentrallager
      - Versand
    - Werkbüro
      - Auftragsstelle
      - Arbeitsvorbereitung
      - Technische Verfolgung
    - Werkzeuge und Vorrichtungen
      - Arbeitsmittel
      - Betriebseinrichtungen
      - Hausverwaltung Betriebsschlosserei
    - Beschaffung
      - Nachschub
      - Einkauf
    - Nachkalkulation
      - Kostenprüfung
      - Abrechnungsstelle
      - Rechnungsprüfung

Werk Böblingen — Werk Travemünde

Alfred Schenker mit der von ihm konstruierten Lehre für die Tragfläche der He 111.

und III erhebliche Vorzüge haben«, prognostizierte die Werkstättenleitung. Gleichzeitig forderte sie, daß angestrebt werden sollte, die alten Gebäude zu modernisieren und dort annähernd gleiche Betriebsbedingungen wie im Neubau zu schaffen.

Auch damals wurde schon auf Betriebssicherheit und Umweltschutz besonderer Wert gelegt. So begann man 1934 damit, sich in Staaken von den überholten und nicht mehr unbedingt betriebssicheren, offenen Motoren-Prüfständen aus Holz zu lösen und diese neu zu errichten oder auszubauen. Durch den Anbau von zwei Türen wurde beispielsweise eine bemerkenswerte Schalldämpfung erreicht. Ende des Jahres verfügte man über vier geschlossene Massiv-Prüfstände, die für den laufenden Bedarf ausreichten. Im Hinblick auf eine erwartete Beschäftigungssteigerung im Jahre 1935 wurde ein fünfter Stand in Auftrag gegeben, während man damit begann, die alten Anlagen abzureißen.

Bis Mitte Juni gab es mit Ausnahme einiger April-Wochen für das gewerbliche Personal in Staaken Kurzarbeit mit *nur* 40 Wochenstunden. In der zweiten Jahreshälfte wurde der Betrieb dann wieder voll aufgenommen. Gleichzeitig wurde damit die Arbeitszeit der Angestellten in Staaken der des Personals der übrigen *Lufthansa*-Dienststellen angepaßt und von 46 $^3/_4$ auf 48 Wochenstunden verlängert.

Übersicht der Organisation der Staakener Lufthansa-Werkstätten aus dem Jahr 1934.

Kampf der Unwirtschaftlichkeit hieß ein Wettbewerb, zu dem die *Lufthansa* Ende der 30er Jahre ihre Mitarbeiter aufgerufen hatte. Hallenmeister Alfred Schenker, der 1934 bei den Staakener Hauptwerkstätten der Fluggesellschaft begonnen hatte, belegte dabei den dritten Platz.

Mit seiner Erfindung konnte Alfred Schenker die Wartung des Schnellverkehrsflugzeuges *Heinkel He 111* wesentlich verbessern. »Die Konstruktion machte es notwendig, die Tragfläche bei Montagearbeiten immer wieder abzunehmen«, erinnerte sich der Pensionär in einem Gespräch mit dem Autor. Dafür waren jeweils ein Kran und zahlreiche Hilfskräfte erforderlich. Alfred Schenker konstruierte eine Lehre, die das mehrmalige Abnehmen der Tragflächen des zweimotorigen Tiefdeckers überflüssig machte.

Für seine Erfindung bekam Alfred Schenker als 3. Sieger des Wettbewerbs *Kampf der Unwirtschaftlichkeit* die stolze Summe von 20 Reichsmark.

Die Flugzeugwerke des ehemaligen Staakener Zeppelin-Chefkonstrukteurs Adolf Rohrbach zwischen der Sprengel- und der Kiautschoustraße in Wedding hatten indessen ihren Betrieb aus wirtschaftlichen Gründen einstellen müssen. Die Anlagen wurden von der *Weser-Flugzeugbau*

GmbH übernommen, die dort Rohrbach- wie auch Junkers-Typen fertigte. Während die Flugboote für die praktische Erprobung zur Havel transportiert werden mußten, gingen die Landmaschinen zum Einfliegen nach Staaken.

Walter Fischer, in den 30er Jahren für Weser-Flugzeugbau tätig, erinnerte sich im Gespräch mit dem Autor unter anderem an die Erprobung der von Rohrbach entworfenen dreimotorigen *Roland*. Der für neun Passagiere ausgelegte Hochdecker habe in den Tragflächen viereckige Treibstofftanks gehabt, die durch die Erschütterung leicht undicht wurden, berichtete er. Der Typ habe sich nicht sehr bewährt und sei von der *Lufthansa* schnell wieder ausgemustert worden.

Für die Einflieger war der Betrieb in Staaken ein einträgliches Geschäft. Denn pro Start erhielten sie eine Flugzulage von zehn Reichsmark. Verständlich, daß es an der Tagesordnung war, nach wenigen Runden wieder zu landen und durchzustarten, was dann als neuer Flug galt und den nächsten Zehner einbrachte.

Ein Teil der Anlagen in Staaken wurde zu dieser Zeit von der *BMW*-Flugzeugmotorenabteilung genutzt, der Rest von der *Lufthansa* beansprucht. Für die Staakener Filiale der Weser-Flugzeugbau blieb da nur ein großes Zelt übrig, das vor dem Gebäude errichtet wurde.

Für 1,5 Millionen Reichsmark erhielt die *Weser Flugzeugbau GmbH* vom Reichsluftfahrtministerium den Auftrag, eine neue Tragfläche für das zweimotorige Kampfflugzeug *Dornier Do 17* zu entwickeln, mit der die Flugeigenschaften des Schulterdeckers verbessert werden sollten. Die neue Tragfläche wurde in Wedding gebaut und dann auf dem Landweg nach Staaken transportiert, wo sie anstelle der herkömmlichen Tragfläche an eine normale *Do 17* montiert wurde. Die umgebaute Maschine erhielt die Typenbezeichnung *Do 17 Z*, erinnert sich Walter Fischer. Die Flugerprobung habe jedoch nicht die gewünschten Erfolge gezeigt, und aus dem Projekt sei nicht viel geworden. 1936 stellten die Weser-Werke ihren Betrieb in Berlin ein und verlagerten das Unternehmen komplett nach Bremen.

In den Staakener *Lufthansa*-Werkstätten ging der Betrieb dagegen nicht nur weiter, sondern wurde auch ständig ausgeweitet. Auch der erste *Jumbo*, die gigantische *Junkers G 38*, eingesetzt auf der Stockholm-Route, wurde hier gewartet. Da der Riesenvogel immer besonders schnell wieder einsatzbereit sein mußte, wurde in zwei Schichten gearbeitet. Ablösung war immer um 14 Uhr, erinnerte sich Alfred Schenker. Dann traf man sich immer zur *Versammlung* in der Tragfläche, in der man bequem stehen konnte.

Einer der Motorenprüfstände in der Staakener *Lufthansa*-Werft.

Wartungsarbeiten an einer dreimotorigen *Junkers*-Maschine.

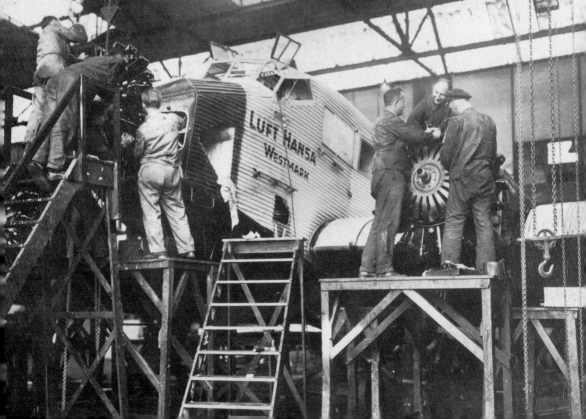

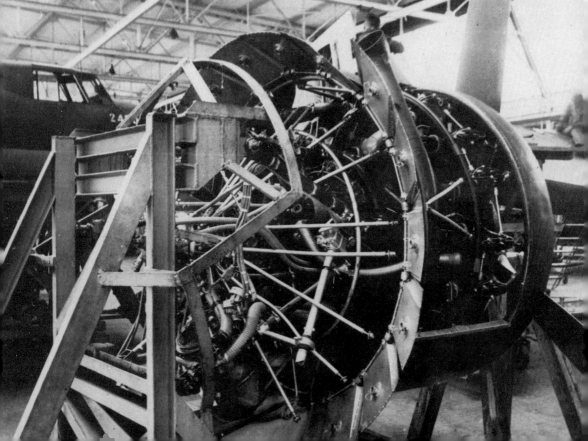

Während der Wintermonate wurden zahlreiche Lufthansa-Maschinen in den Staakener Hallen eingemottet.

Arbeiten an der Tragfläche einer Dornier Do 17 Z.

Auch einen Segelflugclub gab es bei der Staakener *Lufthansa*-Werft. »Eines Tages hörten wir einen mächtigen Knall in der Halle, und Brocken und Steine fielen von der Decke«, berichtete Alfred Schenker. Ein Kollege hatte mit seinem Segelflugzeug die Überquerung der Halle nicht mehr geschafft und war auf das Dach geprallt. Er kam mit einem Schock davon.

Damals wie heute hing die Sicherheit des Flugbetriebes zu einem wesentlichen Teil von der Arbeit der Fachleute am Boden ab. So mußten auch die Verkehrsflugzeuge vor dem Krieg regelmäßig gründlichen Kontrollen unterworfen werden. In der Zeitschrift *Der Flugkapitän* schilderte im Jahre 1931 der Leiter der Staakener *Lufthansa*-Zentralwerkstatt, F. H. Flohr, den Ablauf dieser Arbeiten.

»Die heutigen Betriebszeiten unserer Verkehrsflugzeuge zwischen zwei Überholungen liegen zwischen 500 und 900 Betriebsstunden", schrieb F. H. Flohr im Jahre 1931. Die hohen Laufzeiten würden dabei für die *modernen* Flugzeuge gelten. Zum Vergleich: Bei den Düsenverkehrsflugzeugen der heutigen Generation sind 20 000 und mehr Betriebsstunden zwischen den großen Grundüberholungen, den sogenannten *D-Checks*, an der Tagesordnung. Das bedeutet, daß sie nur alle vier bis sechs Jahre längerfristig aus dem Verkehr gezogen werden müssen. Kleinere Kontrollen finden natürlich in kürzeren Abständen statt.

In den 30er Jahren sah das natürlich anders aus. Auch damals schon wurden die Verkehrsflugzeuge vor dem Start und nach der Landung sowie in vorgegebenen Zeitabständen kontrolliert. Hatte die Maschine dann die festgelegte Betriebsstundengrenze erreicht, wurde sie von der Flugbetriebsabteilung aus dem Verkehr gezogen und in die Werkstatt geflogen.

Die Grundüberholung bedeutet eine vollständige Zerlegung sämtlicher Bauteile des Flugzeuges. Die weitere Bearbeitung richtete sich nach der Bauweise der jeweiligen Maschine. Handelte es sich um ein Ganzmetallflugzeug, wurde die Zelle mit Tragflächen, Steuerung und Leitwerk in der Duralwerkstatt überholt. Handelte es sich um ein Flugzeug in Gemischtbauweise, gingen der Rumpf in die Schlosserei, die Tragflächen in die Tischlerei und die Rumpfverkleidung in die Sattlerei.

Als Hauptverschleißpunkte galten bei den Landverkehrsflugzeugen Motorvorbau, Fahrgestell, Rumpfende, Steuerungsgestänge und die Steuerungslagerungen. Die ausgebauten Motoren der Maschinen wurden, sofern sie ebenfalls ihre zugelassene Betriebsstundenzahl erreicht hatten, ausgetauscht. Hatten sie ihre Einsatzgrenze noch nicht erreicht, gingen sie zur Überholung in die Motorenwerkstatt und wurden anschließend wieder montiert.

Mit einfachen Mitteln erreichte man damals große Wirkung. So wurden die Kühler zur Reinigung eine Stunde lang mit einer kochenden Persil-Lösung durchspült. Das genügte meistens, da es hauptsächlich um die Beseitigung von Ölrückständen und weniger um Kesselsteinbildung ging.

Stellten die Monteure bei der Grundüberholung außergewöhnliche Verschleißerscheinungen fest, so wurde von der Werkstatt umgehend die Abteilung Technische Entwicklung der *Lufthansa* verständigt. Dort arbeiteten die Experten entsprechend den Vorschlägen von Werkstätten und Flugbetriebsabteilung dann entsprechende Verbesserungen aus. Sie wurden dann je nach Dringlichkeit sofort, bei den in kürzeren Abständen erfolgenden *großen Kontrollen* oder erst bei der nächsten Grundüberholung eingebaut.

Für die Grundüberholung mußten kleinere Maschinen für vier bis fünf Wochen, Großflugzeuge für sechs bis sieben Wochen aus dem Verkehr gezogen werden. Der erforderliche Arbeitsaufwand lag bei 1600 bis 4500 Arbeitsstunden. Heute schafft man in der *Lufthansa*-Werft den *D-Check* in rund drei bis vier Wochen. Der Aufwand liegt allerdings bei rund 25 000 bis 30 000 Arbeitsstunden.

Nach der Grundüberholung wurden in Staaken die Maschinen der Werkkontrolle zur Abnahme übergeben. Nach einer ein- bis zweitägigen Überprüfung folgte ein Probelauf der Motoren. Danach begann das Einfliegen. War beim ersten Flug neben dem Piloten nur ein Kontrolleur mit an Bord, diente der zweite Start mit größerer Besatzung gleichzeitig der Abnahme durch die *Deutsche Versuchsanstalt für Luftfahrt*. Nach dem Einfliegen erfolgte die endgültige Abnahme der Maschine zur Erteilung eines neuen Lufttüchtigkeitsscheines.

KAPITEL 8

Große Namen und eine Katastrophe

Mitte der 30er Jahre gelang dem Flugzeugbauer Professor Henrich Focke ein Meisterwerk. Mit dem *Focke-Wulf Fw 61* entwickelte er den ersten voll betriebsfähigen und praktisch einsetzbaren Hubschrauber. Der Jungfernflug erfolgte am 26. Juni 1936 noch fern von Berlin auf dem Bremer Werksflugplatz. Doch bald sollte die Maschine auch Staaken besuchen.

Mit den heutigen Hubschraubern hatte die *Fw 61* nur geringe Ähnlichkeit. In dem 7,29 Meter langen Rumpf gab es nur einen offenen Platz für den Piloten. Die beiden dreiblättrigen Rotoren von je sieben Metern Durchmesser waren an Stahlrohr-Auslegern beiderseits des Rumpfes befestigt. Auf dem Siemens-Motor (160 PS) im Bug befand sich eine kurze Kühlluftschraube, die oft mit einem normalen Propeller verwechselt wurde.

Mit der *Fw 61* wurden sämtliche Hubschrauber-Weltrekorde gebrochen. Saß zunächst Ewald Rohlfs im Cockpit, so übernahm später auch die bekannte Testpilotin Hanna Reitsch den Steuerknüppel. Nach einer Vorführung für den amerikanischen Flugpionier Charles Lindbergh im Oktober 1937 in Bremen überführte Hanna Reitsch die *Fw 61* nach Staaken und stellte dabei auf jeder Flugetappe einen neuen Weltrekord auf.

In Staaken war Hanna Reitsch schon häufiger zu Gast gewesen und hatte die Zuschauer, unter anderem bei Veranstaltungen anläßlich der Olympiade 1936, mit ihren Flugvorführungen begeistert. Die *Fw 61* wurde in Staaken Generälen aus verschiedenen Bereichen der Wehrmacht demonstriert. Veranlaßt wurde diese Demonstration von dem damaligen Chef der technischen Abteilung des Luftfahrtministeriums, dem Flugpionier Ernst Udet. Über dieses Treffen berichtet Hanna Reitsch in ihren Erinnerungen *Fliegen mein Leben*.

Udet, der sich mehr zum Flächenflugzeug hingezogen fühlte, startete trotz dichten Nebels in Konkurrenz zum

Auch der Hubschrauber *Fw 61* wurde in Staaken demonstriert.

Hubschrauber mit seiner einmotorigen *Fieseler Storch*. Der Start erfolgte direkt in Richtung auf das etwa 80 Meter entfernte Gebäude der Flugleitung zu, doch gelang es dem Piloten, die Maschine rechtzeitig darüber hinwegzuziehen. Hanna Reitsch begann anschließend – unbeeinflußt vom Wetter – mit der Vorführung des Hubschraubers, und Udet teilte danach die Begeisterung des Publikums über die Vorzüge und Leistungseigenschaften der *Fw 61*.

Ernst Udet war es dann auch, der die Idee hatte, die *Fw 61* einem breiteren Publikum vorzustellen. Dieser Plan resultierte im Februar und März 1937 in der sensationellen Vorführung des Hubschraubers vor einem großen Publikum während der Revue *Kisuaheli* in der Deutschlandhalle, dem ersten Hallenflug der Welt.

In Staaken, wo sich eine der drei Sportfliegerschulen des Deutschen Luftsportverbandes befand, hatte Hanna Reitsch Anfang der 30er Jahre das Fliegen von Motormaschinen gelernt. Sie war das einzige Mädchen unter zahlreichen Männern, Otto Thomsen hieß der Fluglehrer. Bereits nach wenigen gemeinsamen Flügen am Doppelsteuer, so schrieb die 1979 im Alter von 67 Jahren verstorbene Pilotin in ihren Erinnerungen, durfte sie mit einer einmotorigen *Klemm* zum ersten Alleinflug starten.

Oben: Hanna Reitsch bei einer Flugvorführung in Staaken im Olympiajahr 1936.

Rechts oben: Auch Ernst Udet (links) war ein häufiger Besucher auf dem Flugplatz.

Da auch die *Klemm* nur offene Sitze hatte, mußte sich die Pilotin in dicke Pelze hüllen und das Gesicht einfetten. Fast eine Stunde dauerte es, die vorgeschriebene Flughöhe von 2000 Metern zu erreichen – angesichts der heutigen Jets eine unvorstellbare Zeit.

Parallel zur Flugschulung studierte Hanna Reitsch in Berlin Medizin, mit dem Ziel, einmal fliegende Missionsärztin zu werden. 1933 unterbrach sie jedoch ihr Studium und folgte dem Segelflugpionier Wolf Hirth, bei dem sie zuvor das Segelfliegen gelernt hatte, als Fluglehrerin an eine neue Segelflugschule. Eine große Fliegerkarriere, in der Staaken eine besondere Rolle spielte, begann.

Noch vor Hanna Reitsch hatte Elly Beinhorn bereits im November 1928 in Staaken ihren Sportfliegerschein erhalten. Insbesondere in den 30er Jahren und nach dem Kriegsende machte sie durch Erfolge bei Meisterschaften und Wettbewerben, Flüge in alle Kontinente und als Buchautorin von sich reden.

Auch ein weiterer berühmter Flieger, obendrein noch ein *Spandauer Kind*, hatte seine Fliegerkarriere in Staaken begonnen. Gerhard Nitschke, der spätere Chefpilot der Heinkel-Flugzeugwerke. Eigentlich sei er durch seinen Bruder zur Fliegerei gekommen, erinnerte sich der heute in Ham-

Die Fliegerkarriere von Elly Beinhorn begann ebenfalls in Staaken.

Unten: Mit einer *Udet U 12 Flamingo* geriet Gerhard Nitschke in eine gefährliche Situation.

burg lebende Pilot. Dieser hatte sich zur Fliegerausbildung beworben, war jedoch als Brillenträger abgelehnt worden. Da faßte Gerhard Nitschke den Entschluß, es selbst zu versuchen und wurde prompt angenommen.

Nitschke, der die Spandauer Oberrealschule besuchte und zunächst Ingenieur werden wollte, begann seine Ausbildung Ende 1925 mit einem Sportflugkurs in Staaken. Drei Jahre später geriet er hier in eine lebensgefährliche Situation. Als bei einem Trainingsflug mit einer von Ernst Udet konstruierten *Flamingo* das Höhensteuer brach, mußte er aus 80 Metern Höhe mit dem Fallschirm abspringen. Verlief dieser Unfall noch ohne schlimmere Folgen, so ging die weitere Testpilotenkarriere des Spandauers nicht ohne ernsthafte Blessuren ab.

Von seinem Verdienst baute Nitschke in Hakenfelde ein Haus. Nach Staaken führte ihn seine berufliche Tätigkeit dann allerdings nur noch selten.

Von der Öffentlichkeit fast unbemerkt, nahm eine bedeutende Pionierleistung der Zivilluftfahrt ihren Ausgang in Staaken. Am 10. August 1938 startete Flugkapitän Alfred Henke mit einer viermotorigen *Focke-Wulf Fw 200 Condor* zum sensationellen ersten Ohnehaltflug von Berlin nach New York und zurück. Gefeiert wurde nicht etwa vor den Toren Spandaus, sondern erst bei der glücklichen Heimkehr, dann allerdings auf dem Flughafen Tempelhof.

Wohl noch an dem eigenen Erfolg zweifelnd, ließ man den Start in Staaken in aller Stille über die Bühne gehen. Die *Condor* mit dem Kennzeichen *D-ACON* wurde für den Nonstopflug über den großen Teich mit Zusatztanks ausgestattet. Das Startgewicht betrug 18 Tonnen. Im Cockpit saßen neben dem *Lufthansa*-Flugkapitän Henke dessen langjähriger Fliegerkamerad Luftwaffen-Hauptmann Rudolf von Moreau sowie Oberfunkmaschinist Paul Dierberg und Oberflugzeugfunker Walter Kober, beide von der *Lufthansa*.

Der *Erfinder* der *Fw 200*, der technische Leiter der *Focke-Wulf-Werke*, Kurt Tank, konnte zu seinem Leidwesen nicht mitfliegen, da es sich um ein *Lufthansa*-Unternehmen handelte und deshalb die Luftverkehrsgesellschaft die Besatzung stellte. Mit seiner zweimotorigen *Fw 58 Weihe* flog Tank trotzdem nach Staaken, wo er 1924 zum Piloten ausgebildet worden war, um die Crew zu verabschieden.

Um 19.53 Uhr wurden die vier jeweils 750 PS starken BMW-Motoren angelassen, und die Maschine rollte zum Start. Die Besatzung hielt ständige Funkverbindung zum Boden. Die Flughöhe auf der gesamten, 6370 Kilometer langen Strecke betrug nur 2000 Meter. Nach 24 Stunden, 36

Oben: Am 10. August 1938 startete die Condor zum sensationellen Ohnehaltflug nach Amerika.

Rechts: Blick in das Cockpit einer Fw 200.

Links oben und unten: Die D-ACON wird für den Flug nach New York vorbereitet.

75

Minuten und 12 Sekunden Flugzeit landete die *Condor* auf dem New Yorker Floyd-Bennett-Flughafen. Die Durchschnittgeschwindigkeit hatte 255 Stundenkilometer betragen.

Chefkonstrukteur Kurt Tank, *Lufthansa*-Flugbetriebsleiter Carl August von Gablenz, der kaufmännische Leiter Walter Luz und andere Vertreter der Fluggesellschaft und des Reichsluftfahrtministeriums hatten den Start in Staaken beobachtet und später den Verlauf des Fluges verfolgt. Über die Kurzwellenstation Quickborn bei Hamburg hatte die Besatzung stündlich Positionsmeldungen gegeben.

Sofort nach der Landung wurde die *Condor* von Technikern genauestens überprüft. Wie sich herausstellte, befand sie sich nach dem Mammutflug in einem einwandfreien Zustand. Auch die Besatzung berichtete, daß es während der Reise keinerlei Störungen gegeben habe. Mit dem Flug wurden alle Ohnehalt-Langstreckenrekorde für Atlantiküberquerungen in der schwierigeren Ost-West-Richtung eingestellt.

Der Rückflug am 13. August 1938 ging in nur 19 Stunden und 55 Minuten noch schneller über die Bühne. Für die Landung in Berlin hatte man allerdings nicht Staaken, son-

Die Besatzung der *Condor* wurde nach ihrer Rückkehr in Tempelhof begeistert gefeiert: Walter Kober, Paul Dierberg, Alfred Henke und Rudolf von Moreau (von links nach rechts).

dern Tempelhof ausgewählt, wo der Crew ein grandioser Empfang bereitet wurde. Die Leistung von Piloten und Maschine fand weltweite Anerkennung. Es wurde von einer neuen Ära der Transatlantik-Luftfahrt gesprochen. Und die *Fw 200* ging in den Serienbau.

Die gleiche Besatzung, verstärkt durch einen Bordwart und mit dem Berliner Direktor der *Focke-Wulf GmbH* als Passagier, startete mit der *D-ACON* am 28. November 1938 – allerdings in Tempelhof – zu einem neuen Rekordflug nach Hanoi und Tokio. Aufgrund eines Defektes an einer Treibstoffleitung mußte die Crew auf dem Rückflug in der Bucht von Manila notwassern, die Besatzung kam ohne Schaden davon.

Alfred Henke, aus Groß-Justin stammend, der vor seinen Rekordflügen und der Ernennung zum stellvertretenden Atlantik-Flugbetriebsleiter der *Lufthansa* den Luftverkehr in Südamerika mitaufgebaut hatte, diente im Krieg bei der Luftwaffe und stand, 38jährig, im Range eines Oberleutnants, als ihn in Staaken am Steuerknüppel ausgerechnet einer *Fw 200* der Fliegertod ereilte.

Eine Reihe von zivilen Flugzeugen war von der Luftwaffe übernommen worden, darunter auch die *Kurmark*. Am 20. April 1940 war die Maschine nach Staaken überführt worden. Dort sollten für einen Norwegen-Flug Zusatztanks sowie eine Betätigungsmöglichkeit für die äußere vordere Ladeklappe vom Rumpfinneren aus eingebaut werden.

Am 22. April startete Alfred Henke mit zwei weiteren Besatzungsmitgliedern zu einem Probeflug. Die *Kurmark*, so heißt es in einem Untersuchungsbericht der *Lufthansa*, war mit etwa 3000 Litern Kraftstoff betankt. »Das Flugzeug kam nach einer Platzrunde, bei der die Betätigung der Ladeklappe noch einmal ausprobiert wurde aus einer Höhe von etwa 300 bis 400 m in gedrücktem Flug längs der Bahnlinie an der Nordseite des Platzes über die dortigen Hallen«, heißt es in dem Dokument. Die Geschwindigkeit sei nach Zeugenaussagen mit schätzungsweise 400 Stundenkilometern *recht erheblich* gewesen.

»Das Flugzeug wurde dicht über den Hallen abgefangen und dann gezogen, offenbar zur Einleitung einer hochgezogenen Linkskurve, einer Flugfigur, die von dem verunglückten Flugzeugführer bei An- oder Abflug häufiger durchgeführt wurde«, steht im Untersuchungsbericht. »Dabei brach die rechte Außenfläche in etwa 60 bis 100 m Höhe, kurz danach das Rumpfende, und der Rest des Flugzeuges stürzte dann senkrecht ab und verbrannte.« Augenzeugen des Absturzes berichteten von einer gewaltigen Explosion, die die Maschine völlig zerfetzt habe.

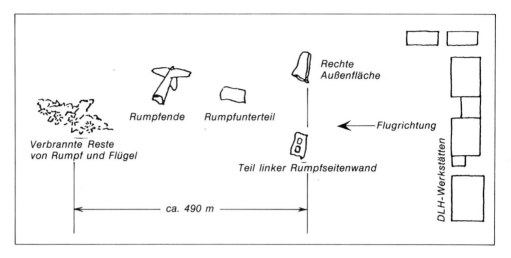

Skizze der Fundstellen der Teile der in Staaken abgestürzten *Fw 200 Kurmark*.

Die Untersuchung ergab, daß die abgebrochene Außenfläche den Rumpf des Flugzeuges getroffen hatte und damit das Abbrechen dessen Hinterteils bewirkte. Als Ursache für den Bruch der Tragfläche gilt Überbeanspruchung insbesondere durch die viel zu hohe Geschwindigkeit, die für die *Fw 200* beim Hochreißen vor Hindernissen auf 230 Stundenkilometer beschränkt war. Als Konsequenz des Unfalls ließ die *Lufthansa* alle Flugzeugführer noch einmal besonders darüber belehren, daß die ausschließlich für Zivilverwendung gebauten Verkehrsflugzeuge genau den Vorschriften entsprechend geflogen werden müssen, wobei besondere Beachtung auf die Geschwindigkeitsbeschränkungen zu legen sei.

KAPITEL 9

Krieg, Bomben und das Ende des Flugplatzes

»Stillegezeitenverkürzung wird selbstverständlich durch systematischen Ausbau der Wartungsmethoden seitens der Verkehrsgesellschaften ermöglicht«, schrieb der technische Vorstand der *Lufthansa*, Carl August Freiherr von Gablenz, im Manuskript eines Vortrages vor der Hauptversammlung der *Lilienthal-Gesellschaft für Luftfahrtforschung* am 12. Oktober 1938. »Der Arbeitsanfall muß durch sorgfältige und höchste Vervollkommung der technischen Einrichtungen in den Betriebswerkstätten und durch planmäßigen Einsatz der Arbeitskräfte in kürzester Frist erledigt werden.«

Nach seinem Engagement für den Blindflug setzte sich von Gablenz für die Entwicklung und den Einsatz des *Junkers*-Schwerölflugmotors – eines Dieselmotors für die Luftfahrt – ein. So wurde auf seine Veranlassung die bewährte *Junkers Ju 52* mit dem *Jumo 205* ausgestattet, die Kosten für die Reiseflugstunde konnten so von 144 auf 21,50 Reichsmark gesenkt werden.

Bei der Vielzahl der bei der Vorkriegs-*Lufthansa* eingesetzten Flugzeugtypen ergaben sich natürlich auch Probleme. »Bei dem im Kriege wieder aufgenommenen Luftverkehr mit einer beschränkten Anzahl Flugzeuge konnte die angestrebte Vereinheitlichung weitgehend durchgeführt werden«, heißt es im Jahresbericht der Abteilung Streckensicherung für das Jahr 1939. So wurde nach Beendigung eingehender Erprobungen zunächst für die *Ju 52* ein einheitliches Instrumentenbrett entwickelt, das allen Betriebsanforderungen genügte. »Der Einbau dieses Brettes wurde als Neuerung festgelegt, so daß in Zukunft sämtliche Sonderwünsche der Besatzungen abgelehnt werden.« Ebenso wie die *Ju 90* und die *Focke-Wulf 200* wurde auch die *Ju 52* mit einer automatischen Kurssteuerung ausgerüstet.

Während in der Luftfahrttechnik die Modernisierung rasant voranging, hatte man in den Staakener Werkstätten weiterhin mit baulichen Unzulänglichkeiten zu kämpfen.

Eine *Ju 52* mit dem Dieselmotor *Jumo 205.*

So meldete der Jahresbericht 1939 der Werkstättenleitung, daß nunmehr endlich die Straßen und Wege innerhalb des Werksgeländes einen neuen Asphaltbelag erhalten hätten, nachdem die große Staubentwicklung besonders für die Instrumentenabteilung sehr störend gewirkt hatte.

Im Jahre 1939 wurde die Halle III einer umfangreichen Reparatur unterzogen, wobei unter anderem der völlig unzulängliche Fußboden durch einen neuen aus Holzzement ersetzt wurde. Ferner konnten die Tore durch Behebung einer Senkung wieder gängig gemacht werden. Die Arbeiten dauerten von Anfang April bis Ende Juni. Während dieser Zeit mußte der Betrieb behelfsmäßig in die Halle I verlagert werden. Die vorgesehene Reparatur der Halle II mußte angesichts des Kriegsausbruchs zurückgestellt werden.

Als »eine außerordentliche Hilfe« bezeichnete die Werkstättenleitung den Neubau eines befestigten Hallenvorfeldes von 260 Meter Länge und 50 Meter Breite. Mit ihm wurde eine vollständige und leichtere Abwicklung aller Startarbeiten möglich. »Ohne dieses Vorfeld würde die Zellenabteilung ihre Aufgaben bei nassem Wetter und besonders im Herbst und im Frühjahr nicht oder nur in sehr primitiver Weise durchführen können«, heißt es im Jahresbericht.

Zum 1. Mai zeigte sich die Staakener Flugzeughalle mit zahlreichen Hakenkreuzfahnen *geschmückt*.

Sämtliche Reparaturkosten wurden vom Reich übernommen.

Während es somit im technischen Bereich zumindest teilweise Verbesserungen gab, verschlechterte sich die Unterbringung des zunehmenden Verwaltungspersonals weiterhin. Es konnte »nur in unzulänglicher Form und nur unter Überwindung von größeren Schwierigkeiten untergebracht werden«. Auch die Lagerräume entsprachen nicht mehr den betrieblichen Anforderungen. Erschwerend wirkte sich aus, daß ein Großteil des Materials und Geräts der nach dem Kriegsausbruch stillgelegten Flughäfen nach Staaken geschafft wurde. »Eine Unterbringung dieser Gegenstände in den vorhandenen Räumen war nur zum Teil möglich, so daß im Dorf Staaken und in der Nähe von Staaken je eine Scheune zunächst bis Ende 1940 gemietet werden mußten.«

Im September 1939 schloß die *Lufthansa* nach längeren Verhandlungen mit dem Deutschen Reich einen neuen Mietvertrag für die Staakener Werftanlagen ab. Er sah eine Laufzeit bis zum 30. Juni 1943 vor und sollte sich jeweils um ein Jahr verlängern, wenn er nicht unter Einhaltung einer einjährigen Frist gekündigt würde. Die Gesamt-Jahresmiete betrug rund 130 000 Reichsmark.

Mit militärischen Ehren wurde 1938 auf dem Flugplatz Staaken der französische General Vulliments empfangen, der mit einer *Potez 63* gelandet war.

Angesichts der Raumnot war eine komplette Neuerrichtung der Anlagen im südwestlichen Teil des Flugplatzes von der Bauleitung der Luftwaffe Staaken im Auftrag des Luftgaukommandos III in Zusammenarbeit mit der *Lufthansa* schon geplant worden. (Bereits seit dem 1. November 1936 stand der Platz unter militärischer Verwaltung. Hier landeten seitdem auch Gäste des Nazi-Regimes.) Das Projekt, mit dessen Verwirklichung etwa 1943 begonnen werden sollte, wurde jedoch bei Kriegsausbruch auf Anordnung des Reichsluftfahrtministeriums zurückgestellt.

Zur Behebung der größten Raumnot wurde deshalb im Frühjahr 1940 eine erste, 1200 Quadratmeter große Holzhalle errichtet, die als Lager diente. Das entsprechende Gelände südöstlich vom Gebäude 37, links neben der Einfahrtstraße zum Werkstättenbetrieb, wurde von der Kommandantur des inzwischen in Staaken beheimateten Fliegerhorstes zur Verfügung gestellt.

Die unzulänglichen Baulichkeiten und zunehmende Personalprobleme stellten in den Kriegsjahren die größten Schwierigkeiten in den Staakener *Lufthansa*-Werkstätten dar. Während der technische Bereich Priorität genoß, litten die Verwaltungsdienststellen unter geradezu unzumutbaren Bedingungen.

Mit Hitlergruß verabschiedeten 1938 in Staaken Schulkinder den italienischen General Bacho.

»Die Durchreparatur der Werkanlagen, Straßen und Wege der Werkstätten Staaken wurde von der Bauleitung des Luftgaues III trotz größerer Personal- und Materialschwierigkeiten auch im Berichtsjahr durchgeführt und bis auf die Grundreparatur der Dächer der Motorenabteilung und des Hauptlagers beendet«, heißt es im Jahresbericht der Werkstättenleitung für 1940. Durch die Fertigstellung der Flugzeughalle II sei insbesondere der Zellenabteilung »für die Durchführung ihrer Kriegsaufgaben« sehr geholfen worden.

Während die Arbeitsaufgaben in allen Abteilungen eine Vergrößerung des technischen und kaufmännischen Verwaltungspersonals erforderlich machten, nahm die Unterbringung teilweise absolut unzulängliche Formen an.

Auch die Lagersituation wurde immer kritischer. Kostbares Material mußte oft mehrere Monate hindurch im Freien aufbewahrt werden. 1941 wurden auf einem vom Fliegerhorst Staaken überlassenen Gelände zwei weitere Barakken errichtet, von denen eine zusätzlich einen Deckeneinbau erhielt. So konnten 3240 Quadratmeter zusätzlicher Lagerfläche gewonnen werden.

Ebenfalls 1941 wurde für die Verwaltung eine 69 x 12,5 m große Bürobaracke mit Heizung und Toilettenräumen

errichtet, auf einem von der *Zeppelin Wasserstoff- und Sauerstoffwerke AG* angemieteten Gelände. Weitere 14 Büroräume konnten durch den Ausbau des oberen Stockwerkes des Gebäudes 31 gewonnen werden.

»Da seit dem Frühjahr 1941 das Arbeitsamt Berlin so gut wie keine deutschen Arbeiter mehr zuweisen konnte, mußte zu der Beschäftigung von Ausländern übergegangen werden«, heißt es im Jahresbericht 1941. »Für Staaken wurden zuerst Polen zugewiesen, für deren Unterbringung und Verpflegung bestimmte Vorschriften vom Reichsluftfahrtministerium herausgegeben worden waren. Eine dieser Vorschriften besagt, daß die Polen geschlossen in Lagern untergebracht und verpflegt werden müssen.«

Zu diesem Zweck wurde von dem Eigentümer Friedrich Bartel ein Gelände zwischen der Eisenbahnlinie Spandau – Dallgow – Döberitz und dem sogenannten Schwarzen Weg gemietet. Dort wurden fünf Mannschaftsbaracken für je 54 Mann sowie je eine Wirtschafts-, Wasch- und Abortbaracke errichtet.

Auf demselben Grundstück wurde außerdem eine vom Reichsluftfahrtministerium zugeteilte Junkers-Bogendachhalle mit 1500 Quadratmetern Fläche errichtet, die einen befestigten Fußboden erhielt und als Motorenlager diente. Im Januar 1942 konnte die Erweiterung der Telefonanlage von 190 auf 280 Anschlüsse durch die Firma Siemens abgeschlossen werden.

Trotz des Krieges bot die *Lufthansa* ihren Lehrlingen die Möglichkeit, in Staaken das Segelfliegen zu erlernen. Nach

Oben: Für die B-Prüfung wurde eine Version des *SG 38* benutzt, dessen Pilotensitz mit einem sogenannten *Boot* verkleidet war.

Links oben: Heinz Pufahl auf dem Segelgleiter *Schneider SG 38* im Jahre 1943 in Staaken.

seiner Schulentlassung hatte Heinz Pufahl, der heute als Betriebsmaurer in der Nervenklinik Spandau arbeitet, im Jahre 1943 eine Lehre als Metallflugzeugbauer bei der *Lufthansa* in Tempelhof angetreten. Der ganze, rund 30köpfige Lehrgang wurde zum Flugtraining eingeladen.

»Wir fuhren dann morgens mit dem *Wustermarker* zum Bahnhof Staaken«, erinnerte sich Heinz Pufahl. Die Kurse waren unabhängig von der Flieger-Hitlerjugend, wurden von zivilen Fluglehrern erteilt und hatten fast privaten Charakter. Gestartet wurde an der Motorseilwinde. Geschult wurde auf dem Hochdecker *Schneider SG 38*, bei der A-Prüfung mit dem offenen Grundmodell, bei der B-Prüfung mit einem sogenannten *Boot*, einem umbauten Pilotensitz.

»Der Motorflugbetrieb war aus Mangel an Maschinen und Benzin fast völlig zum Erliegen gekommen«, erinnerte sich Heinz Pufahl. Die Starts der Segler an der Winde erfolgten auf der Rasenfläche des nördlichen Flugplatzteils. Bei günstigem Wetter bekam jeder Schüler die Höchstzahl von fünf Starts. Das Seil wurde jeweils mit einem Elektroauto zurückgeschleppt.

Zur A-Prüfung gehörte eine Richtungsänderung, zur B-Prüfung eine Platzrunde. Zur C-Prüfung auf dem größeren Modell *Grunau Baby* kam Heinz Pufahl durch die Kriegswirren nicht mehr. Am Ende der ersten beiden Lehrgänge, zu denen jeweils 25 bis 30 Starts gehörten, durften die Lehrlinge jeweils mit einem Fluglehrer im Doppelsitzer *DFS Kranich* zu einem Rundflug starten. »Ich hatte das Glück, bei gutem Aufwind unter uns das Rathaus Spandau erblicken zu können«, berichtete Heinz Pufahl.

Im Laufe des Krieges wurde auch die Situation auf dem Flugplatz Staaken immer kritischer. Am 3. September 1943 und am 30. Januar 1944 war Staaken das Ziel von schweren Luftangriffen. Davon blieben auch die Flughafenanlagen nicht verschont.

Trotzdem ging der Werftbetrieb vor den Toren Spandaus weiter. Zum Schutz der Belegschaft wurde ein großer Luftschutzbunker gebaut. Nach dem Bombardement, bei dem unter anderem Sattlerei und Motorenwerkstatt beschädigt wurden, setzten jeweils umfangreiche Aufräumungsarbeiten ein.

An das Ende des Flugplatzes Staaken erinnert sich Hallenmeister Alfred Schenker. In den letzten Kriegstagen bekam er den Auftrag, zusammen mit zwei Deutschen und sechs Polen zum bereits vollständig zerbombten Flugplatz Brandenburg-Briest zu fahren, um dort ein Düsentriebwerk aus einem Flugzeug auszubauen und nach Staaken zu schaffen.

»Wir wurden morgens mit einem Lastwagen und den benötigten Bodengeräten nach Brandenburg gefahren und sollten abends wieder abgeholt werden«, berichtete Alfred Schenker. »Alles klappte, doch dann kam abends kein Lkw.«

Zwei Tage lang wartete die Truppe aus Staaken geduldig auf die Abholer, erst dann raffte man sich auf, vom nächsten Telefon aus den Flugplatz anzurufen. Dort hatte man das Triebwerks-Kommando in den Wirren der letzten Kriegstage völlig vergessen und nur den Rat parat, daß Schenker und seine Kameraden selbst sehen sollten, wie sie mit den Geräten zurück nach Staaken kamen. Für das Triebwerk gab es ohnehin keinen Bedarf mehr.

Per Anhalter machten sich die neun Mann auf den Weg und trafen einen Tag später tatsächlich wieder in Staaken ein. Ihnen präsentierte sich jedoch ein Geisterflugplatz. Die gesamte Belegschaft hatte vor den anrückenden Sowjettruppen das Weite gesucht. »Mein Fahrrad, das ich in Staaken zurückgelassen hatte, war ebenfalls verschwunden«, erinnerte sich Alfred Schenker.

Am 26. April 1945 wurde Staaken von den sowjetischen Truppen eingenommen. Ein Großteil der noch auf dem Flugplatz vorhandenden Anlagen wurde demontiert, berichtete der Hallenmeister. Und noch an eine andere Anekdote konnte er sich erinnern: Wegen der Bombengefahr waren die Flugzeuge bei Kriegsende meist am Rande des Flugplatzgeländes abgestellt worden. Da der Kraftstoff aber knapp wurde, ließ man sie nicht mehr mit eigener Motorkraft zur Startposition rollen, sondern schaffte Zugochsen an, die von einem Knecht betreut wurden. »Die russischen Soldaten sollen die Tiere dann geschlachtet und verspeist haben«, erzählte Alfred Schenker.

Während die Alliierten die meisten Flugplätze in und um Berlin herum für den eigenen Bedarf übernahmen, wurde Staaken von den Sowjets nur noch kurze Zeit genutzt und nicht wieder als Luftstützpunkt aufgebaut. Passagiere auf Flügen durch den nördlichen Luftkorridor können bei klarer Sicht südlich der Bahnlinie nach Hamburg gleich hinter der Mauer noch das Freigelände des ehemaligen Flugplatzes erkennen. Dort stehen lediglich noch einige Gebäude der einstigen Gasanstalt als Zeugen der großen Zeit der Luftschiffe. Ein Teil des Geländes beherbergt heute ein Baustoffkombinat, in der einstigen Hauptwache des Fliegerhorstes befindet sich ein Krankenhaus. Doch nur wenige werden dabei an die große Vergangenheit dieses Areals denken. Ein Stück Luftfahrtgeschichte existiert nicht mehr.

Blick aus einem Hubschrauber auf das Gelände des einstigen Staakener Flugplatzes.

Abbildungen: Archiv des Verfassers (11), Archiv VOLKSBLATT (2), Dornier (4), Gahlke (2), Heinkel Maschinenbau (1), Lufthansa Bildstelle (23), Luftschiffbau Zeppelin (10), MBB (3), Pilasik (2), Pufahl (2), Sammlung Sänger (1), Schenker (2), Verlag Pestalozzi Kinderdorf (1), 7th Flight Army Air Corps (1). Der Autor dankt allen Personen, die zur Entstehung dieses Buches beigetragen haben, insbesondere Herrn Werner Bittner (Lufthansa Firmenarchiv).

Berliner Marken-Zeichen

Eine eindrucksvolle Garantie von Wert-Zeichen dokumentiert den Anteil Berlins an den Errungenschaften und Entwicklungen der modernen Gesellschaft. Keine deutsche Stadt ist so umfangreich, so vielseitig porträtiert worden wie Berlin. Das Verdienst, Zeichen zu setzen, gebührt auch der Berliner Wirtschaft. Gemeinsam mit anderen ist es vor allem ihr Verdienst, daß diese Stadt ihre führende Rolle erhalten und ausbauen konnte.

Die Attraktivität Berlins zu erhalten und mit Initiative zu stärken, ist uns allen Verpflichtung.

Berliner Sparkasse
Ein Stück Berlin seit 1818